长安未央

诗意里的大唐

云葭 著

杨杰 绘

华龄出版社
HUALING PRESS

图书在版编目（CIP）数据

长安未央 / 云葭著；杨杰绘 . -- 北京：华龄出版
社，2024.5

ISBN 978-7-5169-2695-6

Ⅰ . ①长… Ⅱ . ①云… ②杨… Ⅲ . ①诗人—生平事
迹—中国—唐代—通俗读物Ⅳ . ① K825.6-49

中国国家版本馆 CIP 数据核字（2024）第 013400 号

| 策划编辑 | 李　佳　刘禹晨 | | 责任印制 | 李未圻 |
| 责任编辑 | 李梦娇 | | | |

书　　名	长安未央	作　　者	云　葭
出　　版	华龄出版社　HUALING PRESS	绘　　画	杨　杰
发　　行			
社　　址	北京市东城区安定门外大街甲 57 号	邮　　编	100011
发　　行	（010）58122255	传　　真	（010）84049572
承　　印	文畅阁印刷有限公司		
版　　次	2024 年 5 月第 1 版	印　　次	2024 年 5 月第 1 次印刷
规　　格	889 mm×1194 mm	开　　本	1/32
印　　张	7.5	字　　数	160 千字
书　　号	ISBN 978-7-5169-2695-6		
定　　价	78.00 元		

目 录

前言

"大唐"二字，承载着许多人对那段历史最美好的想象。大唐有霸气的女皇，高贵的公主，有浪漫的诗人，铁血的权臣，有遣唐使，有留学生，有翩翩起舞的胡姬，有坚定西行的僧人……因而，大唐盛世也催生了无数文学作品。其中大多数人对唐朝寄予的想象，源头都是诗人们的文字。

我对唐朝的认知，恰巧也始于初学唐诗的年纪。大概在八九年前，我曾写过一本关于唐朝诗人生平的书。时隔多年后翻阅它，却令我哭笑不得。一来那时年少，所关注的无非是诗人们的风花雪月；二来，随着年龄和阅历的增长，总觉得当年的观点不免有些浅薄。机缘巧合之下，和我的编辑们一番交流，便有了在拙作的基础上重新写一本的想法。

说唐朝，就得先说唐诗。可能很多人有过这样的疑惑，唐朝是不是人人都会写诗？或者说，只要识字的人就会写诗？要不然呢，唐太宗李世民会写诗，一代女皇武则天会写诗，巾帼宰相上官婉儿会写诗，道观中修行的女道士鱼玄机会写诗，蜀中官妓薛涛会写诗……以上这些人，并非是以诗人的身份为人所熟知，却无一例外在《全唐诗》中留下了作品。

也难怪世人总将唐朝和诗歌画上等号，后世不知多少人对唐朝的知识启蒙，都是从唐诗开始的呢。唐诗中有"长安一片月，万户捣衣声"；有"春风得意马蹄疾，一日看尽长安花"；有"新丰美酒斗十千，咸阳游侠多少年"……唐诗中的大唐，韵律中的长安，让人们对大唐盛世无限神往。

唐朝不只是诗人的唐朝，更是孕育诗歌最好的时代。以李白、杜甫为代表的优秀诗人层出不穷，不是没有原因的。大唐繁荣，万国来朝，正是因为国力强盛了，文化才有了赖以生长的土壤。

在唐朝，诗歌不再是贵族子弟们的专享。士农工商，不论生活在哪一阶层，心中有诗，便可写诗。李白就是出身商贾之家，后成为名噪一时的大诗人的典型例子，就连皇帝唐玄宗都是他的忠实读者。再如薛涛，年少时没入乐籍，她的身份在当时是非常低微的。但她天生聪慧，本着对文字的喜爱和敏锐，出口能成诗，逐渐成为蜀中有名的女诗人，被冠以"女校书"的美称。

想来，只要是生活在大唐的人，应该很少有不热爱诗歌的吧。

要读懂唐诗，就不能只读唐诗。需要读懂的，还有孕育出唐诗的整个时代，她是如何变强盛的，又是如何由盛转衰的；需要读懂的，还有诗人们起伏的人生，他们究竟经历了什么，为何会写下那样的文字；需要读懂的，还有大唐的山川河流，风云变幻，为何那时的一草一木都能入诗，一人一物皆可入诗……

公元907年，唐王朝陨落。大一统的时代分崩离析，历史也进入了新一轮的洗牌。唐朝消亡距今已经一千一百多年了，隔着时间这道门，我们能了解到的真实的唐朝非常有限，但是本着对唐朝的喜爱，我希望能以一个后世之人的视角，跟大家分享探讨我眼中的大唐，还有生活在唐朝的那些诗人们。

云葭

2023 年 12 月 8 日

上官婉儿

心有一杆秤，可称量天下

天命所归，不是池中物

　　大唐盛世，包容万物。女子可以问鼎帝位，可以立足朝堂，可以一展抱负。上官婉儿在唐朝历史上可以说是仅次于武则天的传奇女性。

　　世人眼中的大唐，华丽、霸气，所以能优先被历史记住的，永远都是与这个时代同样华丽与霸气的佼佼者，而非踽踽独行的落寞者。很显然，上官婉儿属于第一种。她一生沉浮，世人赋予她的定义很多，上官昭容、巾帼宰相、女皇心腹……这些凌驾于她姓名之上的头衔看似风光，似乎又只是时代的附属品。真正属于上官婉儿本身的，或许是她"称量天下"的传说。

　　《新唐书》和《旧唐书》都有记载这个带有传奇色彩的故事。上官婉儿的母亲郑夫人怀孕时，梦见一巨人递给她一杆秤，说："持此称量天下士。"郑夫人很开心，有此吉兆，她认为腹中胎儿定是个男孩，将来可成大器。孰料，生下的却是一个女孩，郑夫人不免失望。

上官婉儿满月时，郑夫人笑着逗她："称量天下的难道是你吗？"没想到，怀中的小女孩真的应验了。彼时的郑夫人不会想到，她的女儿长大后果真如梦中巨人所说——"称量天下"。

虽然郑夫人的梦是吉兆，但上官婉儿的幼年却不尽如人意。

麟德元年（664年），上官婉儿刚出生没多久，灾难的阴影已经笼罩在上官府的上空。上官婉儿的祖父上官仪是当时极负盛名的贤人，深受唐高宗的赏识。官至高位的上官仪一向以身作则，高瞻远瞩，他眼看皇后武则天权势越来越大，不免心中忧虑。他看得出来，朝中不少大臣都暗中依附于武则天，他本人对后宫干政之举十分不满。

当时，唐高宗对武则天是有所忌惮的。武则天得势之后，处处压他一头，气焰着实太过旺盛。他起了废后的心思，召集上官仪等人商议。上官仪早就看出了高宗的心思，他义正词严向高宗提出，武皇后独断专行，恣意妄为，朝野上下都很失望，理应顺人心，废除她的后位。高宗深以为然，遂命上官仪主持草拟废后诏书。

然而，上官仪低估了武则天的势力。高宗身边处处是武则天的耳目，有任何风吹草动，武则天会在第一时间知晓。自然，废后行动以失败告终。

武则天在高宗面前一闹，高宗当即收回了废后旨意，还把废后一事全都推到了上官仪头上。以武则天的性子，这件事又岂会不了了之。她没法跟高宗算账，承载她怒气的第一人只能是上官仪。之后，在她的授意下，上官仪牵连进废太子李忠谋反案，很快被处死了。上官仪获罪，家中男丁尽数被杀，上官婉儿和母亲郑夫人则被发配到了内庭为奴。自此，上官婉儿开始了她一生中最艰苦的日子。

但是，有"称量天下"的先兆在前，上官婉儿又岂会碌碌无为地度过一生。

仪凤二年（677年），上官婉儿十四岁，已经出落得亭亭玉立。她美貌端庄，诗文出众，又通晓事理。武则天听闻，召见了她，当场命题让她作诗。上官婉儿毫不胆怯，按照武则天的意思赋诗一首，其文采斐然，令武则天大悦，当即下令免去她的奴婢身份，留在身边帮忙处理宫中事务。

能打动武则天，可见上官婉儿的学识的确非同一般。很多年之后，她成为上官昭容，也经常在各种场合应召赋诗。比如这首《奉和圣制立春日侍宴内殿出翦彩花应制》，就是在唐中宗立春日游园迎春时所作。

> 密叶因裁吐，新花逐翦舒。
>
> 攀条虽不谬，摘蕊讵知虚。
>
> 春至由来发，秋还未肯疏。
>
> 借问桃将李，相乱欲何如。

起用仇人的孙女，培养成心腹，这种事或许只有武则天这样的人物才有胆识做。以上官婉儿之才，用得好是她的得力助手，用不好就是一把随时都有弑主危险的利刃。有学者认为，武则天欣赏上官婉儿的才华是其一，其二恐怕也是想监视她，看看她到底会做些什么。

上官婉儿日日面对灭门仇人，说她从未有过怨恨和报复之心，大抵是不可能的。年轻气盛时，她也曾多次触怒武则天，武则天却总是在关键时刻网开一面，宽恕了她。久而久之，她深刻明白，忤逆武则天只会给自己招来杀身之祸。她收起锋芒，小心翼翼辅佐武则天。武则天也愈发信任上官婉儿，逐渐对她委以重任。

《新唐书》记载："自通天以来，内掌诏命，掞丽可观。尝忤旨当诛，后惜其才，止黥而不杀也。然群臣奏议及天下事皆与之。"足见，在武则天身边的那些年，上官婉儿的权力非常大，可以直接参与到朝廷政事当中。于一女子而言，能在权力的顶峰游走，她当真是应了梦中的预言——"称量天下"。

难以下定论的感情生活

在诸多影视作品中，上官婉儿的初恋几乎被赋予了同一个人，章怀太子李贤，唐高宗与武则天的次子。那时她不过十五六岁的年纪，情窦初开，常年跟随在武则天身边，她接触最多的异性之一就是太子李贤。因而，将她的初恋定义在李贤身上，并非没有根据。

上官婉儿和李贤的感情真相如何，无人知晓。纵然真有其事，这段关系也注定不得善终。李贤的命运比李弘（唐高宗与武则天的长子）好不到哪儿去，调露二年（680年），他因谋逆罪被贬为庶人，流放巴州。据传，上官婉儿后来去巴州探望过李贤，听闻李贤已经去世，她就在途中题写了一首诗——《由巴南赴静州》。

米仓青青米仓碧，残阳如诉亦如泣。

瓜藤绵赪瓜潮落，不似从前在芳时。

若初恋真是这样的结局，的确令人叹息。可深宫之中的爱情，又有几段能美满收场呢。

上官婉儿的感情生活中被提起最多的是李显（唐高宗与武则天的第三子），也就是后来的唐中宗。武则天死后，李显复位，封上官婉儿为昭容。按照唐朝的妃子品级，昭容仅次于皇后、四妃和昭仪，属于正二品，在宫中地位已是极高的了。可以推断出，早在武则天称帝时，上官婉儿和李显就已经有所来往。武则天那么聪明的人，或许早就知道，只不过对她来说，这些小事不足挂齿，掀不起什么风浪。

也有学者认为，上官婉儿和中宗之间并无情感纠葛，他们纯粹是盟友关系。中宗需要上官婉儿辅佐他，所以给她一个名正言顺的身份留在身边。理由是，中宗封上官婉儿为昭容时，上官婉儿已经四十二岁，中宗也已年过半百，两人都不再是拘泥于情情爱爱的年纪了。再者，根据《新唐书》和《旧唐书》记载，上官婉儿成为昭容后，仍和武三思、崔湜等人保持着男女关系。若中宗真是因为爱慕上官婉儿而封她为昭容，岂能受得了这样的"绿帽"！

史料中提到上官婉儿的情人有很多，除了武三思、崔湜，还有武则天的男宠张昌宗。像《新唐书》等正史，对上官婉儿情感方面的风评都不太好，说她是"邪人秽夫"。可历史忽略了一点，上官婉儿其实也是一位渴望正常情爱的女子，可惜她所处的大环境不允许。她的心境，从这首《彩书怨》中可以看出一二。

> 叶下洞庭初，思君万里余。
> 露浓香被冷，月落锦屏虚。
> 欲奏江南曲，贪封蓟北书。
> 书中无别意，惟怅久离居。

这首诗中，上官婉儿以闺中思妇的口吻，塑造了一位思念丈夫的妻子形象。

她一生困于深宫，平常女子对丈夫的思念她从未体会过，这也许是她作为女子最渴望的经历。也是因为这样，她才会有如此之多令后人津津乐道的艳史和私情吧。

尚且不论上官婉儿那些感情史，她的文采是毋庸置疑的，《彩书怨》无疑是她抒发心绪最直白的作品。《全唐诗》中一共收录了她三十二首诗，其中被提及最多的也是这首。

观其诗便可想象，武则天在世的时候，她处于女子最美好的年华，可她无法活成普通人。同龄女子恋爱、嫁人，她应该是羡慕过的。宫廷生活的寂寞与苦闷，远胜常人。她已经是宫中少有的接触过权力巅峰的女人了，可即便如此，她依旧没有得到过真挚的感情，只能从其他方面寻找安慰。

据史料记载，武则天宠幸张昌宗、张易之兄弟，张家兄弟生得唇红齿白，俊朗无双。上官婉儿长期跟在武则天身边，渐渐跟张昌宗有了私情。这件事很快被武则天发现，她一怒之下拔出金刀刺向上官婉儿前额。幸亏张昌宗求情，上官婉儿免于一死，但她额头上留下了一道疤痕。

为了掩盖疤痕，上官婉儿在眉心刺了一朵红梅。不料，这一妆饰更显得她楚楚动人。宫人们见了，争相效仿，用胭脂点额。红梅妆因此风靡一时。

墓志铭中隐藏的秘密

关于上官婉儿的死因，史料记载得很明确，她卷入了韦后之乱，韦后失败被废，上官婉儿被当时还是临淄王的李隆基斩于旗下。如《旧唐书》："及韦庶人败，婉儿亦斩于旗下。"

至于上官婉儿为什么会走到这一步，或许是攀登得越高，她心中的欲望也越来越大了。她身处大唐的权力旋涡中心，早已身不由己，最后和韦后以及安乐公主成了盟友。

安乐公主也是唐朝历史上响当当的一号人物，她本是唐中宗最宠爱的女儿，却因为一门心思想当"皇太女"，竟荒唐到联合韦后毒杀了中宗。据记载，安乐公主早年便恃宠而骄，奢靡无度，韦后对她极是宠爱，只要她想要的，哪怕抢也要抢到手。她的同胞姐妹长宁公主也喜好奢华，热衷兴建府第，是大唐第一"炒房小能手"。上官婉儿的《游长宁公主流杯池二十五首》就是在游览了长宁公主的府邸之后所写。

上官婉儿和韦后关系拉近，是因为她把情人武三思推荐给了韦后。《资治通鉴》记载："三思通焉,故党于武氏,又荐三思于韦后,引入禁中,上遂与三思图议政事,张柬之等皆受制于三思矣。上使韦后与三思双陆,而自居旁为之点筹;三思遂与后通,由是武氏之势复振。"

武三思是武则天的侄子,代表武氏集团。武则天虽然已不再是皇帝,武家在朝廷的地位还是不可撼动的。上官婉儿和韦后联手将武三思推上高位,在他的布局下,朝中反韦后一派的大臣,如张柬之等,尽数被流放、诛杀。

上官婉儿、韦后、武三思等人的行为令太子李重俊很是气愤。李重俊非韦后所生,韦后一直忌惮他,曾多次联合武三思诬陷他。眼看父亲中宗懦弱无能,大权旁落,李重俊发动兵变,诛杀了武三思和武崇训父子。武崇训即安乐公主的驸马。

武三思死后,李重俊没打算放过上官婉儿,不过上官婉儿表现出了超乎常人的镇定,她对中宗说:"观太子之意,是想先杀我,然后就轮到皇后和陛下您了。"中宗听了,很生气,他怕李重俊威胁到自己,便下令让羽林军护驾反击。李重俊兵败被杀,上官婉儿逃过一劫。

李重俊兵败的直接后果是,韦后、上官婉儿以及安乐公主等人的势力越来越大。而这个时候,上官婉儿和太平公主生了嫌隙。有一个说法是,太平公主看上了上官婉儿的情人崔湜,两个女人为了一个男人闹翻了脸。关系一破裂,上官婉儿彻底倒向了韦后和安乐公主的阵营,太平公主则联合了临淄王李隆基。

之后,就是史上有名的"唐隆政变"。韦后和安乐公主铤而走险，毒杀了中宗。李隆基带着大军冲进宫中，诛杀了韦后及其党羽。安乐公主等人也都死于这场政变。

在这样的生死关头，上官婉儿却还是一副从容不迫的样子，她梳理好妆容，带着她的宫女仪仗队前去迎接李隆基。她拿出了之前拟好的遗诏，以表明自己与韦后并非同一阵营。

李隆基不像中宗那么好糊弄，他不允许有一条漏网之鱼。莫说他认定上官婉儿是韦后的党羽，即便不是，那也是宁可错杀，不能放过。就这样，上官婉儿在权力中心厮杀的一生匆匆结束了。

然，上官婉儿的传奇并未结束。

2013 年 9 月，上官婉儿墓在陕西省西安市被发现，墓志铭也在次年被公布。这篇《大唐故婕妤上官氏墓志铭并序》一共 982 字，信息量极大，甚至推翻了史书上对上官婉儿的某些记载。

其一："年十三为才人，该通备于龙蛇，应卒逾于星火。"意思是，上官婉儿十三岁就成了唐高宗的才人。不过普遍认为，这个"才人"只是一个名头，是武则天为了把上官婉儿留在身边，给她封的品级。这里，她跟随武则天的年纪是十三岁，与《新唐书》记载的"年十四，武后召见，有所制作，若素构"有出入。

其二："以韦氏侮弄国权，摇动皇极，贼臣递构，欲立爱女为储；爱女潜谋，欲以贼臣为党。昭容泣血极谏，扣心竭诚，乞降纶言，将除蔓草。"大致意思是，韦后弄权，有逆臣出馊主意，让她立安乐公主为皇太女，上官婉儿极力阻止，还乞求中宗除掉韦后党羽。这也说明了，上官婉儿并非韦后一党。

其三："表请退为婕妤，再三方许。"说的是上官婉儿因劝阻中宗立安乐公主为皇太女一事，自请将位份降为婕妤的。

其四："太平公主哀伤，赙赠绢五百匹，遣使吊祭，词旨绸缪。"这里明确指出，太平公主对上官婉儿的死非常哀伤，说明她们之间的关系很好，不存在传闻中的二人为了争夺男人而反目一说。

除了以上这些，上官婉儿墓的出土还带出了很多谜团。历史的真相究竟如何，还需要用很长的时间去探索。

上官婉儿虽是被李隆基所杀，但李隆基即位后，派人收集了上官婉儿生前的诗作，整理成了文集。他既然肯花心思去编撰上官婉儿的诗作，必定是认可她的才学的。

大唐不乏奇女子，上官婉儿做到了"称量天下"，却还是没能把握自己的命运。她跟宫中其他女子一样，一生都没逃出宫墙筑起的囹圄。

王维

他是诗佛，但他写相思

《相思》到底为谁而写

"王维后来果真成了远近闻名的大诗人。他像是雨后优雅的清风，为我黯淡的生活撩开了一扇明亮的窗子，我又一次隐约看见了彩虹的影子。"

这是影视剧《大明宫词》中，太平公主与王维深谈的那一晚，她的内心独白。这部剧在当时的影响力太大，以至于很多人以为，王维和太平公主之间有过一段暧昧不明的感情。

剧中情节大概是这样的。

王维和太平公主初见，是在她的公主府。公主喜好风雅，府上聚集了一批文人雅士，王维便是其中之一。

公主问王维对什么感兴趣。

王维回答："我对风，对雨，对人的心情，对月亮的形状更感兴趣。至于政治……它太高深了，又不洁净，我不感兴趣。可是其他的，都让我兴趣盎然。"

公主问王维喜不喜欢长安。

王维回答："喜欢，长安城遍地是英雄，到处是一种霸气，这对我们写诗的人来说，是一种无穷的乐趣。可我又不喜欢它，它的霸气太重，就缺少一种真情，一种质朴纯真的感情。"

他还为公主念了他写的《少年行》。

新丰美酒斗十千，咸阳游侠多少年。
相逢意气为君饮，系马高楼垂柳边。

他说，这是他初来长安时写的。大概这就是他对长安的第一印象吧，美酒少年，长安游侠，君子之交，骏马高楼……

诚然，盛世的大唐，也唯有此般画面才能够配得上，就像剧中王维所描述的那样，繁华、坦荡，同时有着太过沉重的霸气。

那夜看似轻松的闲聊之后，王维不告而别。等到他们重逢，时间已经过去了二十年之久。彼时的太平公主再也不是明眸皓齿的少女，她心事太重，担子也太重，她的鬓边有了明显的斑白。王维看她的眼神却一如当年，仿佛她还是他崇拜的那个美丽的、勇敢的，挚诚热烈地追求爱情的帝国公主。

王维问公主，是否还记得他当年为她写的那首诗。

公主款款念道：

红豆生南国，春来发几枝。
愿君多采撷，此物最相思。

然后，王维告诉她，他当初不告而别的真正原因——怯懦。

他说："因为我知道，如果我再滞留一天，我就会陷入爱情。您知道，那对我甚至意味着痛苦。我只能书写爱情，在幻想中塑造完美。因为，我缺乏应付现实最基本的技巧和勇气。公主，只有幻想才可能绝对美好。这就是我为什么选择浪迹天涯作为生活的形式。只有这样，一个人才有足够的时间去幻想。"

隐藏在这段话中的意思是，他爱上了她，他害怕泥足深陷，唯有离开。

当所有人都为这段无缘而起、无疾而终的感情叹息时，历史无情地将这唯美的画面撕成碎片：这不过是后人为了戏剧效果而杜撰的故事罢了，历史上的王维和太平公主毫无瓜葛！他们甚至可能都不认识！

太平公主约生于公元 665 年，卒于公元 713 年，王维约生于公元 701 年。也就是说，太平公主比王维大了三十多岁。太平公主去世的时候，王维不过是十二岁的懵懂少年。这样的两个人，何来情爱之说？

因而，王维的名作《相思》绝对不可能是写给太平公主的。那么，这首诗到底是写给谁的呢？

红豆又叫相思豆，温庭筠有诗云："玲珑骰子安红豆，入骨相思知不知。"自古以来，红豆象征着浓烈而纯真的爱情，所以人们都会先入为主地认为，写红豆就是写相思，写爱情。其实不尽然，王维这首《相思》又名《江上赠李龟年》，是他眷恋友人李龟年而作，"愿君多采撷"意为"勿忘故人"。

李龟年其人，是唐玄宗时期著名乐师，他和他的两个兄弟李彭年、李鹤年，对音乐均有着极高的天赋。因而，李龟年也是当时各大型宴会的座上宾，就连唐玄宗都对他很欣赏。

李龟年同时还是李白的同事，他们一起供职于唐玄宗带领的"皇家歌舞团"，李白负责写歌词，李龟年是乐队主唱。《碧鸡漫志》记载："上曰：焉用旧词为？命龟年宣翰林学士李白，立进《清平调》三章，白承诏赋词，龟年以进。上命梨园弟子约格调、抚丝竹，促龟年歌。"大致意思是，玄宗让李龟年宣李白写了《清平调》三首，李白写完，梨园弟子奏曲，李龟年唱歌。

古人喜欢以诗赠友，如李白的《赠汪伦》，杜甫的《赠李白》等。李龟年的好友中不乏文人，有不少朋友为他写过诗。除了王维的《相思》，最著名的要数杜甫的《江南逢李龟年》。

> 岐王宅里寻常见，崔九堂前几度闻。
> 正是江南好风景，落花时节又逢君。

因"正是江南好风景，落花时节又逢君"一句的绝妙，杜甫这首诗传唱甚远。王维的《相思》虽脍炙人口，但一般都被误认为是歌颂爱情的诗，很少有人把它和李龟年联系在一起。

除此之外，唐朝诗人李端也曾写过一首《赠李龟年》。

> 青春事汉主，白首入秦城。
> 遍识才人字，多知旧曲名。
> 风流随故事，语笑合新声。
> 独有垂杨树，偏伤日暮情。

可见，李龟年人缘不错，朋友天团也很强大。

既然王维这首《相思》与太平公主无关，那些渴望才子和公主之间能萌发一段情缘的人们，若是了解了这段历史，恐怕要失望了。

不过，王维虽然和太平公主没有交集，但他的确和另一位大唐公主有过一段朦胧的过往，那便是唐睿宗李旦的女儿，唐玄宗一母同胞的妹妹玉真公主。

才子与公主的绯闻

玉真公主是睿宗的第九个女儿，又称"九公主"。关于她和王维的故事，《唐才子传》记载，岐王对王维说："子诗清越者，可录数篇，琵琶新声，能度一曲，同诣九公主第。"大致意思是，岐王让王维录写几篇文章，作一首琵琶曲，和他一同去拜访九公主。这里的"九公主"指的就是玉真公主。

年少时，玉真公主就有了出家的想法，她在王屋山入道，号"上清玄都大洞三景法师"。唐玄宗为了让妹妹清修，特意为她修建了玉真观。

唐朝有女子入道修仙之风，除了玉真公主，睿宗的另一个女儿金仙公主、宰相李林甫之女李腾空、著名女诗人鱼玄机等，都有当女道士的经历。

玉真公主虽出身尊贵，童年却并不幸福，造成这一切的正是她的祖母武则天。《旧唐书·后妃上》记载，长寿二年（693 年），玉真公主的生母窦德妃被诬陷施术诅咒武则天，被秘密处死。

此后，唐王朝开始了错综复杂的政权更替。皇室之中，父子相争，兄弟反目，血亲互谋，这样的事情屡见不鲜，无数人成为权力斗争下的牺牲品。许是因为这样的童年，玉真公主才产生了遁入空门的念头。

《新唐书·诸帝公主》记载，玉真公主字"持盈"。这二字出自《老子》，"持而盈之，不如其已；揣而锐之，不可长保"。意思是，一件事若是已经圆满，就要隐藏收敛。"持盈"这两个字与她的人生倒颇为契合。

王维与玉真公主的相识，源于他的琵琶名曲《郁轮袍》。他以这首曲子打动了玉真公主，玉真公主讶于他的才华，问他："我以为是古人的作品，竟然是你的佳作吗？"然后又说："京师有你这样的人，是京师的荣耀啊。"

能得到见惯了文人才子的玉真公主这般夸赞，足见王维这曲《郁轮袍》的功底有多深。

之后，玉真公主大力引荐了王维。

开元九年（721 年），王维考中进士，开始了他人生的新征程。而王维功成名就的背后，玉真公主起到了不可忽视的作用。

后世不少学者都认为，王维因才华横溢而得了玉真公主的青睐，为公主所喜爱，可他最终还是拒绝了玉真公主。这段爱情故事没有明确的史料记载，唯独可以肯定的一点是，玉真公主的确爱惜王维之才。她和王维年纪相差了近十岁，碍于年龄差距和女道士身份，就算二人之间真的有浓烈的感情，也很难堂而皇之地发展出什么。

《大明宫词》对王维形象的刻画太过精准，他是那样天性清净的一个人，身上有种与生俱来的平静，亦有种难以言说的吸引力，就像深夜倒映在水中的月亮，明知镜花水月，美得不真切，却又忍不住让人想靠近。

若说玉真公主对王维有男女间的情愫，那王维对玉真公主呢？情爱暂且不说，欣赏和感激之情是肯定有的。这一点，他在写给她的诗中表达过。

王维留下的和玉真公主相关的笔墨并不多，除了已经失传的曲谱《郁轮袍》，就是这首《奉和圣制幸玉真公主山庄因题石壁十韵之作应制》了。

碧落风烟外，瑶台道路赊。

如何连帝苑，别自有仙家。

此地回鸾驾，缘谿转翠华。

洞中开日月，窗里发云霞。

庭养冲天鹤，溪流上汉查。

种田生白玉，泥灶化丹砂。

谷静泉逾响，山深日易斜。

御羹和石髓，香饭进胡麻。

大道今无外，长生讵有涯。

还瞻九霄上，来往五云车。

他赞叹玉真公主的山庄如仙境一般,他暗称玉真公主不似凡人,像世外的仙女。若其他人这般赞美玉真公主,或许有阿谀奉承之嫌,但这毕竟出自受过公主知遇之恩的王维。他应该是真正从内心感激她的吧。

不论相爱与否,历史能记住他们年轻时的初见也是好的。那时候有他的风华绝代,有她的高贵恬淡,还有注定会湮没在时间中的那一曲《郁轮袍》。

尘世纷扰,归隐是终点

王维字摩诘,连着他的名字"维",正好是"维摩诘",这三个字是梵文音译,意为"无垢尘"。维摩诘菩萨是佛经中的大乘居士,而"诗佛"恰好是王维的雅号。

王维是诗佛,因为他心中有佛,有禅。苏轼又称他"诗中有画,画中有诗",因为他的诗和画往往不分彼此。信佛之人大抵都是心如明镜、一心参禅的,就连笔墨中也蕴含"禅"的气息。所以王维写诗一向空灵,让人不自觉地想到夜间澄澈的寒潭,月下清冷的山林,山中交错的阡陌,雨后斑驳的苍苔。如他的《鹿柴》。

空山不见人,但闻人语响。

返景入深林,复照青苔上。

或许他已经习惯了寂寞吧，如若不然，为何他写那么多诗，无一例外营造的都是空山深林的安静景致呢？

王维算是官场中人，却浑然不似其他官吏，削尖脑袋只为出人头地，甚至违背自己的初衷。他一向都是个冷静自持的人，他看得透，也明白自己想要的是什么。即便是身在官场，他过的也是半官半隐的生活。他在辋川山谷（今陕西省蓝田县）拥有自己的院落，后世称之为辋川别业。

那处依山傍水的院落，其原主人是初唐诗人宋之问。王维接手后，在原来的基础上修葺园林，悉心改造成了他喜爱的样子。每每闲暇，他都会离开纷扰的俗世，和志同道合的友人闲居于别院，谈诗作画，饮酒抚琴。可见，他对隐逸生活有着理所当然的向往。如他的《辋川闲居赠裴秀才迪》：

> 寒山转苍翠，秋水日潺湲。
> 倚杖柴门外，临风听暮蝉。
> 渡头余落日，墟里上孤烟。
> 复值接舆醉，狂歌五柳前。

裴迪秀才是王维的至交好友，是诗人，也是隐士，常与王维写诗唱和。王维写这首诗是想告诉裴迪，他对山居隐逸生活的喜爱。一句"狂歌五柳前"，一语道破，毫不矫揉造作。五柳，即五柳先生陶渊明，历史上最著名的隐士文人。

王维一生仅有一次婚姻，妻子去世后，他没有再娶，而是与诗文作伴，隐逸山中，度过了他平淡却也平和的余生。至少，和他鲜衣怒马的少年时期相比，他的后半生是平淡的吧。

如《旧唐书》记载："维弟兄俱奉佛，居常蔬食，不茹荤血；晚年长斋，不衣文彩。"

再如《唐才子传》记载："（王维）笃志奉佛，蔬食素衣。丧妻不再娶，孤居三十年。"

而王维之所以没有续娶，或许是一生唯爱一人，伊人去后真情难再；或许是他早就看淡红尘，不想参与世事，只想隐居参禅，他可是虔诚侍奉心中信仰的"诗佛"啊。

闲居辋川别业期间，王维和裴迪用诗文描绘了辋川山谷的二十余处风景，后编录成《辋川集》，流传于世。王维在《辋川集》的序言中是这样写的："余别业在辋川山谷，其游止有孟城坳、华子冈、文杏馆、斤竹岭、鹿柴、木兰柴、茱萸沜、宫槐陌、临湖亭、南垞、欹湖、柳浪、栾家濑、金屑泉、白石滩、北垞、竹里馆、辛夷坞、漆园、椒园等，与裴迪闲暇，各赋绝句云尔。"

其中又以《鹿柴》《竹里馆》等诗最为知名。

年少时期的王维意气风发，匆匆半生后，他览尽世间所有，终得以超脱世俗，以自己喜欢的方式安度暮年。

李白

●

绣口一吐，就半个盛唐

关于他的侠义

长安元年（701 年），李白的母亲梦见太白金星，而后生下了他，她便给儿子取了"太白"这个名字。那一刻她或许不会想到，她的儿子果真如星辰一般，在文学史上熠熠生辉了上千年。

李白是"诗仙"，这一点无人不知，无人不服。但后世之人大多相信，抛开文人的身份，李白同时也是一位剑客。据传，李白年轻时曾拜在唐朝第一剑术大师裴旻门下，向他学习剑术。

裴旻生活在唐玄宗时期，是当时公认的剑圣，大书法家颜真卿和诗人王维都为他写过诗。他亦是大唐将领，曾官至左金吾卫大将军。到了唐文宗时期，李白的诗、裴旻的剑和张旭的草书被下诏御封为"唐代三绝"。

裴旻剑术之高超，《独异志》是这样描述的："掷剑入云，高数十丈，若电光下射。旻引手执鞘承之，剑透室而入，观者数千百人，无不惊栗。"

有传闻说，裴旻剑术天下第一，李白排第二。这个排名真假与否，目前没有定论，但可以肯定的是，李白是一位崇尚侠义精神的诗人。关于这一点，他亲自承认过。他在《与韩荆州书》中写道："十五好剑术，遍干诸侯。三十成文章，历抵卿相。虽长不满七尺，而心雄万夫。王公大人，许与气义。"

韩荆州，即唐朝官员韩朝宗。因当时韩朝宗任荆州长史，所以人称"韩荆州"。《与韩荆州书》是李白写给韩朝宗的一封自荐信，他在文章中称自己十五岁开始喜好剑术，拜访了多个地方大员，身高虽不满七尺，心志却超过万人。且不说文章本身字字珠玑，单是他这份不吝抒发自身气节的豪迈精神，也当属文人中的侠之大者了。难怪《唐才子传》这样描述他："（李白）喜纵横，击剑为任侠，轻财好施。"

李白一生写过无数文字，其中将侠义精神体现得淋漓尽致的，莫过于他的《侠客行》。

赵客缦胡缨，吴钩霜雪明。

银鞍照白马，飒沓如流星。

十步杀一人，千里不留行。

事了拂衣去，深藏身与名。

闲过信陵饮，脱剑膝前横。

将炙啖朱亥，持觞劝侯嬴。

三杯吐然诺，五岳倒为轻。

眼花耳热后，意气素霓生。

救赵挥金槌，邯郸先震惊。

千秋二壮士，烜赫大梁城。

纵死侠骨香，不惭世上英。

谁能书阁下，白首太玄经。

《侠客行》是乐府旧题，不少诗人以此为题写过诗，如温庭筠、元稹等。但后世普遍认为，其中最具侠客风骨的当数李白的这首。

"燕赵之地的侠客，帽子上装饰着红缨，宝刀吴钩就像霜雪一样明亮。他们骑着配有银鞍的白马，像流星一样驰骋。他们武功盖世，十步之内便可杀死一人，行走千里无人能阻挡……"

短短几行字，对侠客形象的刻画，对侠义精神的描述，纷纷跃然纸上。这很难不让人怀疑，李白是不是亲身经历过"纵剑策马，行侠仗义"的场面？

以上这个问题，唐朝文人魏颢在《李翰林集序》中给出了肯定的答案。魏颢称李白"少任侠，手刃数人"，大致意思是，李白年少时有侠义之气，曾经行侠仗义，手刃过几名歹徒。这跟《唐才子传》以及《新唐书》对李白的形容是相符的：李白会剑术，他就是一位侠客！

也正是因为侠客和诗人的双重身份，后人才能在李白的文字中体会他年少时的豪气万千。他在不少作品中都提到了"剑"，如"秋霜切玉剑，落日明珠袍"；如"张公两龙剑，神物合有时"；如"别时提剑救边去，遗此虎文金鞞靫"，如"空余湛卢剑，赠尔托交亲"。"湛卢"是剑名，是我国古代的名剑之一，相传为春秋时期铸剑大师欧冶子所铸造。

再如这首《结客少年场行》：

紫燕黄金瞳，啾啾摇绿骢。

平明相驰逐，结客洛门东。

少年学剑术，凌轹白猿公。

珠袍曳锦带，匕首插吴鸿。

由来万夫勇，挟此生雄风。

托交从剧孟，买醉入新丰。

笑尽一杯酒，杀人都市中。

羞道易水寒，从令日贯虹。

燕丹事不立，虚没秦帝宫。

舞阳死灰人，安可与成功。

和《侠客行》一样，《结客少年场行》也是围绕"剑术超群，纵马江湖，行侠仗义"的少年侠士这一主题展开的。除了开篇所说的侠气，这首诗同样透着凛冽的杀气。

诗的最后几句"羞道易水寒，从令日贯虹。燕丹事不立，虚没秦帝宫。舞阳死灰人，安可与成功"，化用的是大家非常熟悉的故事，荆轲刺秦王。古往今来，荆轲一直是人们心中极具代表性的侠客，或者是刺客更为贴切。以荆轲的视角来论述"侠"字，的确很到位。想必，这种快意恩仇的人生也是李白所向往的。

漫漫数千年，能用文字将腾腾杀气写出来的人并不多，尤其是"笑尽一杯酒，杀人都市中"这样一句，普通文人怕是不敢轻易付诸笔端。偏偏李白不是普通人，他是诗人，是侠客，是千古以来最会以诗写侠的人。而诗仙李白的笔下，有的远不只是锦绣文章。

关于他的酒量

纵观李白一生，能和侠义精神相提并论的，大概就是他的酒量了。对李白而言，诗与酒不分家，他往往是在喝醉之后才能写出旷世佳作，不然也不会有"李白斗酒诗百篇"一说了。

天宝二载（743 年），李白得到了玉真公主和贺知章的引荐，被唐玄宗赏识，迎来了他人生中最高光的时刻。唐玄宗有多欣赏李白？史料记载，"帝赐食，亲为调羹，有诏供奉翰林"，意思是，唐玄宗亲自为李白调羹，下诏供奉翰林。

某日，唐玄宗在沉香亭闲坐，忽然来了兴致，下诏让李白进宫写歌词。彼时李白在街市上跟人喝酒，入宫时已经喝得酩酊大醉，不省人事。玄宗却并没有生气，吩咐左右侍从用水浇洗李白的脸，把他叫醒。李白醒来后，侍从为他递上了纸笔。出乎大家的意料，李白下笔有如神助，写出的文字精妙无比。玄宗非常满意，从此以后更是喜爱李白的才华。

又一次，玄宗让喝醉酒的李白写诗，李白借着醉意，让杨贵妃为他研墨，让玄宗身边的大红人高力士帮他脱靴子。这便是流传至今的轶事——"贵妃捧砚，力士脱靴"。

那么，李白的酒量到底如何？

在当时，偌大的长安城中，李白爱喝酒可是出了名的。他和贺知章、唐玄宗的侄子汝阳王李琎、左丞相李适之、吏部尚书崔日用之子崔宗之、户部侍郎苏晋、"草圣"张旭以及因嗜酒闻名的平民焦遂八人并称为"饮酒八仙人"。

杜甫曾为这嗜酒如命的八仙人写过一首诗，即《饮中八仙歌》。

知章骑马似乘船，眼花落井水底眠。
汝阳三斗始朝天，道逢麹车口流涎，恨不移封向酒泉。
左相日兴费万钱，饮如长鲸吸百川，衔杯乐圣称避贤。
宗之潇洒美少年，举觞白眼望青天，皎如玉树临风前。
苏晋长斋绣佛前，醉中往往爱逃禅。
李白斗酒诗百篇，长安市上酒家眠，
天子呼来不上船，自称臣是酒中仙。
张旭三杯草圣传，脱帽露顶王公前，挥毫落纸如云烟。
焦遂五斗方卓然，高谈雄辩惊四筵。

其中描写李白的几句是："李白斗酒诗百篇，长安市上酒家眠，天子呼来不上船，自称臣是酒中仙。"难怪世人戏称杜甫是李白的头号迷弟，他太了解李白了，以至于寥寥数语就把李白狂傲不羁的酒仙形象刻画得入木三分。千百年后的人们不曾见过李白饮酒，但一读这几句诗，脑中也就有了画面感：堂堂诗仙李白，醉酒后原来是这样的！

李白自己写的诗文也多有提到饮酒，如"举杯邀明月，对影成三人""天地既爱酒，爱酒不愧天""且须饮美酒，乘月醉高台""金樽清酒斗十千，玉盘珍羞直万钱"。对于剑，对于酒，他从不吝啬才华与文字，那应该是他最珍爱的两样东西吧。

因为爱喝酒，李白写过一首千古闻名的劝酒歌，也是他的代表作之一，《将进酒》。

> 君不见，黄河之水天上来，奔流到海不复回。
> 君不见，高堂明镜悲白发，朝如青丝暮成雪。
> 人生得意须尽欢，莫使金樽空对月。
> 天生我材必有用，千金散尽还复来。
> 烹羊宰牛且为乐，会须一饮三百杯。
> 岑夫子，丹丘生，将进酒，杯莫停。
> 与君歌一曲，请君为我倾耳听。
> 钟鼓馔玉不足贵，但愿长醉不复醒。
> 古来圣贤皆寂寞，惟有饮者留其名。
> 陈王昔时宴平乐，斗酒十千恣欢谑。
> 主人何为言少钱，径须沽取对君酌。
> 五花马、千金裘，呼儿将出换美酒，与尔同销万古愁。

诗中提到的"岑夫子，丹丘生"，分别是李白的至交好友岑勋和元丹丘。很显然，这是他和好友们宴饮时所写。人生能有美酒作伴，知己数人，纵情山水，及时行乐……这确实很"李白"，他的生活态度便是如此。

李白之爱酒，几乎到了酒不离身的地步，就连他生命中最后的影像也都跟酒有关。他的死因有多种传闻，《旧唐书》记载，李白饮酒过度，醉死在了宣城。《唐才子传》记载，李白在牛渚矶（今安徽省马鞍山市采石矶）泛舟，喝醉之后下水捞月亮，不小心沉入水底而亡。

以上两种说法都离不开他最爱的酒。而民间流传最广，也是世人最愿意相信的，便是"捉月沉江"。至今，采石矶仍留有李白的衣冠冢。

细想来，醉酒捉月，失足沉江，这跟李白嗜酒且又豪放的性子是能对应上的，而这种离世的方式也很符合李白浪漫主义诗人的身份。毕竟，不是所有人都能拥有一个离奇而又浪漫的结局。

关于他的傲气

史书记载，就在"供奉翰林"不久后，李白被玄宗"赐金放还"。而这背后的故事，有说是李白让高力士为他脱靴，引起了高力士的不满，高力士联合杨贵妃一同打压李白；有说是李白恃才傲物，平日里得罪了不少宫人，有宫人向玄宗进了谗言；有说是李白一心想在朝堂上施展政治抱负，做出一番实绩，玄宗却只让他陪自己写诗作乐，他心生倦意，便向玄宗请求，让他归隐山林……

不论是何种原因，天宝三载（744 年），44 岁的李白离开长安，进入了人生的下一篇章。

那个时代的文人，寒窗苦读数十载，大多是想在朝堂建功立业，李白应该也是如此。如若不然，他不会不远万里来到长安，寻求各种入仕机会。除了给韩朝宗写自荐信，他还拜谒过玉真公主，也向贺知章献过诗。《新唐书》记载，贺知章读完李白的诗后，被他的学识折服，称他为"谪仙人"。

至于李白和玉真公主的渊源，可以追溯到开元十八年（730年）。当时李白游钟南山，在玉真公主别馆做客，为了得到玉真公主的引荐，他写下了一首《玉真仙人词》。因种种原因，这次拜谒没有得到他想要的结果。

一晃十几年后，李白在好友元丹丘的推荐下终于得到了玉真公主的青睐。元丹丘是修道之人，玉真公主也是，他们之间是有交情的，因此他能给李白和玉真公主牵线。

玉真公主看了李白当年写的《玉真仙人词》，十分欣赏他的才华。有了玉真公主和贺知章的引荐，人到中年的李白才有了人生中第一次入仕机会。

比起那些年少成名的才子，李白的机遇来得晚了些，但这并不影响他在长安城走红。他的诗文在当时是出了名的，连唐玄宗都赞不绝口。放眼天下，有什么能比当朝天子的肯定更具含金量？他近距离接触了天下最尊贵的人——唐玄宗和杨贵妃，为他们留下不少传世名作。所以，李白是成功过的。

如果李白能安于现状，当好他的翰林待诏，他的命运或许会走上另一轨迹。然而他跟普通文人不一样，骨子里的傲气不允许他满足于陪皇帝写诗娱乐。他崇拜的人是魏晋名士谢灵运——他不仅钟爱谢灵运的文字，也崇尚谢灵运的傲骨。谢灵运曾自信满满地说："天下才共一石，曹子建独得八斗，我得一斗，自古及今共用一斗。"李白也曾挥笔写下，"仰天大笑出门去，我辈岂是蓬蒿人"。

这便是诗仙李白，自始至终他都是清高而狂妄的，在朝廷的种种经历并没有磨平他的棱角。俗世一圈行走下来，他依旧还是原来的他。放眼大唐，恐怕只有他能写出"安能摧眉折腰事权贵，使我不得开心颜"这样的文字了，这也是他内心的真实写照。荣华富贵算得了什么？只要活得开心，他不在乎对方是达官显贵还是皇族高位。他依旧可以我行我素，做个"行侠仗义，轻财好施"的谪仙人。

之所以狂妄，是因为李白很清楚，他有才。恃才，才能傲物。带着这份傲气，后来的他又写出了《庐山谣寄卢侍御虚舟》。

> 我本楚狂人，凤歌笑孔丘。
>
> 手持绿玉杖，朝别黄鹤楼。
>
> 五岳寻仙不辞远，一生好入名山游。
>
> 庐山秀出南斗旁，屏风九叠云锦张。
>
> 影落明湖青黛光。
>
> 金阙前开二峰长，银河倒挂三石梁。
>
> 香炉瀑布遥相望，回崖沓嶂凌苍苍。
>
> 翠影红霞映朝日，鸟飞不到吴天长。
>
> 登高壮观天地间，大江茫茫去不还。
>
> 黄云万里动风色，白波九道流雪山。
>
> 好为庐山谣，兴因庐山发。

闲窥石镜清我心，谢公行处苍苔没。

早服还丹无世情，琴心三叠道初成。

遥见仙人彩云里，手把芙蓉朝玉京。

先期汗漫九垓上，愿接卢敖游太清。

　　这首诗的写作背景比较复杂。天宝十四载（755年），安禄山发动叛乱，天下动荡。天宝十五载（756年），李白和妻子宗夫人隐居于庐山。在李白隐居期间，永王李璘（唐玄宗第十六子）多次发来邀请，让李白为他效力。李白以为这是一个报效国家的好机会，下山成了永王的幕僚。他不曾想到，同年太子李亨继承大统，为唐肃宗，改年号至德，永王起兵作乱，后以失败告终。

　　作为永王麾下的一员，李白被捕入狱。牵涉进谋反案，本是死罪，幸好名将郭子仪为李白求情，后来改判为流放夜郎。郭子仪为李白求情一事存在争议，不过此事在《新唐书》和《唐才子传》都有记录。如《新唐书》："初，白游并州，见郭子仪，奇之。子仪尝犯法，白为救免。至是子仪请解官以赎，有诏长流夜郎。"

　　不得不说，李白的运气还是不错的，在他流放夜郎的途中，朝廷宣布大赦天下，他也在赦免之列。据记载，李白是在白帝城得到了赦免的消息，他心中喜悦，写下了一首后世每位小学生都得"熟读并背诵全文"的《早发白帝城》。

　　再后来，李白抵达庐山。重游庐山，遥望眼前的大好风光，他想起自己一生经历的种种，恨不得归隐田园，从此做一个闲散之人。因有此感，他留下了这一千古名篇。

这首诗最有名的是开头两句："我本楚狂人，凤歌笑孔丘。"其中"楚狂人"指的是春秋时楚国人陆通，因为对当时的社会不满，陆通剪掉了头发，狂傲不羁，无心仕途，时人称他为"楚狂"。

《论语·微子》记载："楚狂接舆歌而过孔子曰：'凤兮凤兮！何德之衰？往者不可谏，来者犹可追。已而，已而！今之从政者殆而！'孔子下，欲与之言。趋而辟之，不得与之言。"

陆通，字接舆。《论语》中这段话的大致意思是，陆通从孔子车前经过，对着车子唱这样的歌："凤凰啊凤凰，你的德行为什么衰退了呢？过去的事情已经不能挽回，未来的事情还来得及。算了吧，算了吧。现在从政的人都危险啊！"孔子下车想跟陆通说话，谁知陆通却避开走了，孔子根本无法跟他交谈。

李白以楚狂陆通自比，可见他当时对仕途的绝望，对归隐山林的憧憬。有了"赐金放还"和"永王之乱"两次人生经历，他如醍醐灌顶，隐逸而安定的生活才是他最好的归宿！

写下这首诗的两年后，即宝应元年（762 年），李白去世。

此处，应以余光中先生《寻李白》中的一句诗作为结尾："酒入豪肠，七分酿成了月光，余下的三分啸成剑气，绣口一吐就半个盛唐。"

孟浩然

●

大唐躺平第一人，反卷大师

握一手好牌，却懒得打

作为"山水田园派"最具代表性的诗人，孟浩然在唐朝诗坛的地位是非常高的。然而跟他的好朋友李白、王维、王昌龄等人不同的是，他一生都未出仕。别人考科举时他在隐居，别人当官时他在隐居，别人隐居时他还在隐居，可谓是非常坚守本心了。

永昌元年（689年），孟浩然出生于人杰地灵的襄阳。孟家家境殷实，有祖产"涧南园"，同时也是书香门第，据传还是孟子的后代。孟浩然的父亲给他取"浩然"这个名字，就是出自孟子的"吾善养吾浩然之气"。

孟浩然家教良好，他自幼读书，十八岁便在襄阳县试考中榜首。孟父很开心，以为儿子可以就此出人头地，光耀孟家门楣，谁知孟浩然转头就去鹿门山隐居了。那一年，孟浩然才二十多岁，正是同时期其他文人埋头苦读求取功名的年纪。反观其他诗人的一生，如李白、王维，都是在走完一圈仕途之后，晚年看透世事，以隐居为终点。孟浩然则不走寻常路，以别人的终点为起点，是人群中不一样的烟火。

孟浩然的偶像是东汉末年的名士庞德公。庞德公和孟浩然一样，也是襄阳人，晚年携妻子隐居在鹿门山，采药耕种，悠然度日。孟浩然对庞德公的生活十分向往，不少诗作中都有提到庞德公。如《夜归鹿门山歌》。

> 山寺钟鸣昼已昏，渔梁渡头争渡喧。
>
> 人随沙岸向江村，余亦乘舟归鹿门。
>
> 鹿门月照开烟树，忽到庞公栖隐处。
>
> 岩扉松径长寂寥，惟有幽人自来去。

这首诗写的是孟浩然晚间回到鹿门山见到的景象，其中"忽到庞公栖隐处"中的"庞公"，指的就是庞德公。

在鹿门山隐居的日子，孟浩然过得十分惬意。他的日常生活无非是游山玩水，交交朋友，写写诗，妇孺皆知的《春晓》就是在那个时候写出来的。

孟浩然在诗歌上的成就，跟他的生活环境密不可分。想写山水田园诗，当然要享受山水田园生活。和孟浩然并称"王孟"的王维，也是山水田园派诗人，他的代表作《山居秋暝》《鹿柴》等，也是晚年在终南山隐居的时候写的。

除了以上这些日常，孟浩然隐居期间还做了一件很重要的事：恋爱娶妻。他的妻子据传是汉南女子韩襄客，襄阳城内有名的歌女。孟浩然追求韩襄客时，曾写过《赠韩襄客》：

> 只为阳台梦里狂，降来教作神仙客。

韩襄客是一位有才情的女子，她回了孟浩然两句诗：

连理枝前同设誓，丁香树下共论心。

这段轶事在《诗话总龟》中有记载，韩襄客两句诗也收录在《全唐诗》中。

不考科举，不入仕，娶歌女……孟浩然前半生主打的就是不走寻常路。他明明握着一手好牌，却压根不想打。孟父应该对他很失望，白白浪费了那么高的天赋。而改变这一现状的，正是孟父的离世。

或许是为了实现父亲的夙愿，孟浩然决定出山，找机会求取功名。在唐朝，普通人想入仕有两种方式：一是考科举，二是找个说话有分量的人引荐。比如，王维和李白都是得到了玉真公主的引荐。

在洞庭湖游历期间，孟浩然给丞相张九龄写了一首干谒诗，《望洞庭湖赠张丞相》，希望张九龄能引荐他。

八月湖水平，涵虚混太清。

气蒸云梦泽，波撼岳阳城。

欲济无舟楫，端居耻圣明。

坐观垂钓者，徒有羡鱼情。

这首诗的创作时间和干谒对象存在一定争议，除了张九龄，还有一种说法是写给张说的。张说是武则天和唐玄宗时期的官员，曾两登相位。所以，孟浩然的干谒对象不论是张九龄还是张说，两种说法都有一定道理。

关键时刻掉链子大户

孟浩然的才学是毋庸置疑的，倘若多几个人引荐他，入朝为官并非难事。他其实有过两次非常接近朝堂的机会，可惜都因为他的掉链子而泡汤了。

第一个机会来自他的好友王维。开元十五年（727 年），孟浩然赴长安参加科举考试，虽然没考中，但是在逗留长安期间他认识了王维。

王维在朝为官，某日轮到他在金銮殿值班，他私自邀请孟浩然来探讨诗歌。恰逢唐玄宗来了，孟浩然很紧张，赶紧躲到了床底下。

玄宗进来后，王维不敢隐瞒，上奏禀明了他邀请孟浩然前来一事。玄宗很高兴："我听说过孟浩然，但还没见过。"于是下诏，让孟浩然出来。

玄宗问孟浩然："你带诗来了吗？"孟浩然说没带，玄宗便让他念一首近期的作品。这本是一个很好的机会，孟浩然佳作多，随便吟诵一首，没准玄宗一高兴就给他封官了。孰料，孟浩然偏偏选了《岁暮归南山》。

北阙休上书，南山归敝庐。

不才明主弃，多病故人疏。

白发催年老，青阳逼岁除。

永怀愁不寐，松月夜窗虚。

这是一首发泄心中愤懑之作。大致意思是："我不想在朝堂继续待下去了，我要回归南山的破草庐。我没有才能所以君主弃用我，我身体不好所以我朋友远离我……"也不知道孟浩然是怎么想的，竟然在君王面前念"不才明主弃"。玄宗一听，气炸了："你自己不想做官，我什么时候弃用你了？为啥要诬陷我？"说完，让他从哪儿来回哪儿去。孟浩然只好回了襄阳老家。

心酸又好笑的一段过往，听着像段子，但这事在《新唐书》《唐才子传》都有明确记载。尽管这件事存在争议，可既然被写进了正史，是真是假都免不了让孟浩然在文史上留下一个尴尬了。

第二个机会来自韩朝宗，也就是"生不用封万户侯，但愿一识韩荆州"的韩荆州。李白就曾给韩朝宗写过自荐信《与韩荆州书》，不过从自荐的结果来看，韩朝宗好像没看上李白。但是，韩朝宗看上了孟浩然。

开元二十二年（734年），韩朝宗任襄阳刺史兼采访使。任职期间，韩朝宗和孟浩然相识了，他有意提拔孟浩然，于是约孟浩然一同进京。可到了约定的日子，有朋友来找孟浩然，孟浩然就跟朋友喝酒去了。

有人提醒孟浩然："你跟韩公有约。"孟浩然说："我喝酒呢，哪里管得了别的。"孟浩然的失约令韩朝宗很生气，他独自去了京城。但孟浩然没有后悔。

对于孟浩然失约韩朝宗一事，闻一多先生在《唐诗杂论》中这样评价："在一个乱世，例如庞德公的时代，对于某种特别性格的人，入山采药，一去不返，本是唯一的出路。但生在'开元全盛日'的孟浩然，有那必要吗？然则为什么三番两次朋友伸过援引的手来，都被拒绝，甚至最后和本州采访使韩朝宗约好了一同入京，到头还是喝得酩酊大醉，让韩公等烦了，一赌气独自先走了呢？正如当时许多有隐士倾向的读书人，孟浩然原来是为隐居而隐居，为着一个浪漫的理想，为着对古人的一个神圣的默契而隐居。在他这回，无疑的那成立默契的对象便是庞德公。孟浩然当然不能为韩朝宗背弃庞公。鹿门山不许他，他自己家园所在，也就是'庞公栖隐处'的鹿门山，决不许他那样做。"

闻一多认为，孟浩然的隐居不是说说的，他是真的为了隐居而隐居。大概，孟浩然一生的使命就是隐居吧。

他的"背诵全文天团"好友们

孟浩然终身布衣，从未踏足朝堂，但他的不少诗人朋友都有过入仕经历，如王维、李白、张九龄、王昌龄等。这几位都是唐朝诗坛赫赫有名的人物，即后世戏称的"背诵全文天团"。

孟浩然和王维的友谊源自他在长安暂住的那几年，二人同属山水田园诗派，自然是有共同话题的。王维很欣赏孟浩然，时常跟他探讨诗文造诣。后来孟浩然科考落地，返回老家襄阳，王维作《送孟六归襄阳》一诗，送别孟浩然。

> 杜门不复出，久与世情疏。
> 以此为良策，劝君归旧庐。
> 醉歌田舍酒，笑读古人书。
> 好是一生事，无劳献子虚。

这首诗浅显易懂，尤其是"劝君归旧庐"一句，从字面意思就能看出王维想表达什么。他觉得孟浩然在家待久了，疏于人情世故，不适合入仕为官。他劝孟浩然归隐山林，在田间喝喝酒、唱唱歌，潇洒度日，这才是他的归宿。

在一首送别诗中，王维没有表现出依依不舍，也没有惋惜孟浩然怀才不遇，而是直截了当劝他归隐，可见他们的关系不是一般的好。有些话，只有真朋友才能说出口。

李白和孟浩然的友情就更不用说了，一句"吾爱孟夫子，风流天下闻"就让所有熟悉他们的人都知道，李白非常欣赏并敬重孟浩然。孟浩然年长李白十二岁，李白初出茅庐时，孟浩然已经成名。所以，除了对孟浩然才华的认可，李白应该也是将他当作长辈来敬重的。甚至他的第一段婚姻，跟前宰相许圉师孙女许氏的结合，据传也是孟浩然撮合的。

李白写给孟浩然的诗，最有名的是《黄鹤楼送孟浩然之广陵》。

故人西辞黄鹤楼，烟花三月下扬州。

孤帆远影碧空尽，唯见长江天际流。

广陵即现在的江苏扬州，这首诗是李白在江夏（今武汉）游历期间，在黄鹤楼送别孟浩然时所写。

一个很有意思的现象，李白和王维同为孟浩然的至交好友，并且他们的朋友圈重合率非常高，共同好友还有李龟年、贾至、王昌龄等，可这两人似乎并不熟，翻遍史料都找不到他们认识的证据，更别说互相赠诗了。有传闻说，让这两位大才子互相拉黑的关键人物是玉真公主，至今还流传着李白、王维，玉真公主三角关系的绯闻八卦。当然，轶闻不能完全信，毕竟没有任何史料记载这些事。

开元二十五年（737 年），张九龄被贬为荆州长史，他因欣赏孟浩然，召孟浩然为幕僚。孟浩然跟随张九龄前往各地巡视，二人关系甚笃。只不过孟浩然身体不太好，后来又回到了襄阳老家。

张九龄不仅是唐朝名相，也是著名诗人，他的《望月怀远》是唐诗中写月亮的佳作。

> 海上生明月，天涯共此时。
>
> 情人怨遥夜，竟夕起相思。
>
> 灭烛怜光满，披衣觉露滋。
>
> 不堪盈手赠，还寝梦佳期。

在孟浩然所有朋友中，最特殊的大概要属王昌龄了，他生前见到的最后一位朋友极有可能是王昌龄，并且他的死多少跟王昌龄沾点关系。

开元二十八年（740 年），王昌龄路过襄阳，前去探望孟浩然。当时孟浩然背后长了毒疮，好不容易快痊愈了，结果因见到老友太开心，没控制口腹之欲，一顿宴饮后毒疮复发，不治而亡。唐朝人王士源在《孟浩然集序》中有记录此事："二十八年，王昌龄来游襄阳，相与饮酒甚欢。时浩然疾疹发背且愈，食鲜疾动，终于冶城南园。"

至于王昌龄，他的代表作《出塞》亦是千古名篇，相信大家都会背。

> 秦时明月汉时关，万里长征人未还。
>
> 但使龙城飞将在，不教胡马度阴山。

以孟浩然的性格，能在临死前和友人把酒言欢，他应该没有遗憾了。他是那么恣意的一个人，不以功名利禄困住自己，纵情山水，放歌田园，用自己喜欢的方式度过了一生，同时也为诗坛留下了宝贵的财富。

高适

●

大唐卷王，活到老卷到老

握一手烂牌，却打出王炸

贫困、乞讨、落榜，这是高适前半生的几个关键词。如果说人生是一次牌局，那高适开局时握着的无疑是一手烂牌。可就是拿着这样的一手牌，他打出了王炸的结局。

他不像孟浩然，家境殷实，进退有路；他不像杜甫，世家出身，年少成名；他不像李白，有三十万金可散，有泼天才华可倚仗。在那个文人皆能作诗的盛世，他的学识不够耀眼，他天资不够出众，仕途不够幸运。可最终，他却成了唐朝历史上唯一一个靠军功封侯的诗人。

高适出生在渤海县，祖上曾是望族，便是出过不少宰相和名将的渤海高氏。高适的爷爷高侃是唐朝名将，曾立下赫赫战功，担任过安东都护，陇右道持节大总管等官职，去世后被追封为左武卫大将军，陪葬乾陵。高适的父亲高崇文做过韶州长史，虽然是个小官，但好歹是食朝廷俸禄之人。可到了高适这一代，高家已经完全没落了，本是官三代的他四处流浪，居无定所，甚至只能靠乞讨为生。后来，他在宋州（今河南商丘）定居，过着清贫的生活。

对于高适的少年时期，《旧唐书》是这样描述的："高适者，渤海蓨人也。父从文，位终韶州长史。适少濩落，不事生业，家贫，客于梁、宋，以求丐取给。"也就是说，在他后来的那些诗人朋友李白、杜甫，王昌龄等人埋头读书做学问的年纪，他正到处流离，操心着生计问题。

不过高适并没有因此而放弃，身为将士的后代，他始终怀揣着入仕报国的梦想，负重前行。换作其他人，生活过得这么一地鸡毛，早就躺平认命了。

二十岁那年，高适去了他梦寐以求的长安城，希望能寻得机会，谋取一官半职。可现实很残酷，没钱没背景的他在长安游荡了一圈，失意而归。这种心情，他全都记录在了《别韦参军》中。

> 二十解书剑，西游长安城。
>
> 举头望君门，屈指取公卿。
>
> 国风冲融迈三五，朝廷欢乐弥寰宇。
>
> 白璧皆言赐近臣，布衣不得干明主。
>
> 归来洛阳无负郭，东过梁宋非吾土。
>
> 兔苑为农岁不登，雁池垂钓心长苦。
>
> 世人遇我同众人，唯君于我最相亲。
>
> 且喜百年有交态，未尝一日辞家贫。
>
> 弹棋击筑白日晚，纵酒高歌杨柳春。

欢娱未尽分散去，使我惆怅惊心神。

丈夫不作儿女别，临岐涕泪沾衣巾。

"白玉都赐给了近臣，布衣百姓不可能拜见贤明的君主"，从这句来看，他应该对当时的朝廷很失望。离开长安后，他回到了一直客居的宋州，种田、垂钓，日子过得非常清苦。

开元十九年（731年），高适前往边塞，希望能在军中有所成就，以此走入仕途。他的《塞上》就是在这个时候写的。后来，他又拜谒了信安王李祎的幕府，希望能得到援引。可惜，这次出塞之行他依旧一无所获，失意而归。

开年二十三年（735年），高适再次来到长安，参加科举考试。命运毫不留情地再次对他 Say No，他科考落榜，求仕失败了。而这个时候，高适三十多岁了，已经不再年轻。

干谒、科举、从军，他在这十几年间尝试了多种办法，付出了多出旁人数倍的努力，却始终被幸运之神挡在门外。谁看了不得说一句，好惨！

人的一生，能有几个十年呢？

开元二十六年（738年），高适写出了他一生的巅峰之作——《燕歌行》。

汉家烟尘在东北，汉将辞家破残贼。

男儿本自重横行，天子非常赐颜色。

摐金伐鼓下榆关，旌旆逶迤碣石间。

校尉羽书飞瀚海，单于猎火照狼山。

山川萧条极边土，胡骑凭陵杂风雨。

战士军前半死生，美人帐下犹歌舞。

大漠穷秋塞草腓，孤城落日斗兵稀。

身当恩遇恒轻敌，力尽关山未解围。

铁衣远戍辛勤久，玉箸应啼别离后。

少妇城南欲断肠，征人蓟北空回首。

边庭飘飖那可度，绝域苍茫更何有。

杀气三时作阵云，寒声一夜传刁斗。

相看白刃血纷纷，死节从来岂顾勋。

君不见沙场征战苦，至今犹忆李将军。

直到现在，高适的《燕歌行》依旧是边塞诗中的皎皎明珠。可这首诗的写作背景却十分唏嘘。

青年时期的高适一度想在军中有所成就，所以他对边塞的军事很上心。适逢当时幽州节度使张守珪与契丹开战，先胜后败。张守珪大概是怕皇帝责怪，隐瞒了败绩，只上报了战功。高适有感而发，写下了这首诗。

后世学者对这首诗评价很高，尤其是点睛之笔，"战士军前半死生，美人帐下犹歌舞"，上下两句形成非常鲜明的对比，士兵们在战场上奋勇杀敌，将军们却在营帐中看美人翩翩起舞。无论怎么看，这都是一种极大的讽刺。

天宝三载(744年)，李白和杜甫来到了高适所在的睢阳(即宋州，于天宝元年改名为睢阳），这三位千年后享誉文坛的大佬，在这一历史性的时刻相遇了。可彼时，他们还不是课本上的考点，只是三个郁郁不得志的中年颓丧文人。同病相怜的他们在梁宋一带游玩，喝酒、赋诗，结下了深厚的友谊。

后来，李白入道，杜甫流离，只有高适还在蛰伏、等待。不知道他拥有着一颗怎样强大的心，经历那么多次失望之后，暮年的他仍能够一腔热血奔赴战场。他没有上帝视角，不知道自己会成功，或许他只是不想放弃任何一个可能成功的机会。

牌局没结束，他的人生就还在继续。

卷王＆战神

唐朝天宝年间，西部边境流传着这样一首民歌：

> 北斗七星高，哥舒夜带刀。
> 至今窥牧马，不敢过临洮。

这就是那些年一度蝉联边境音乐榜榜首的《哥舒歌》，歌颂的对象是"哥舒夜带刀"的"哥舒"，即唐玄宗时期的大将哥舒翰。

哥舒翰是龟兹（今新疆库车）人，出生于一个武将家庭。父亲去世后，年过四十的哥舒翰选择了在河西节度使麾下从军。之后，他屡立战功，一路晋升，是当之无愧的战神。

李白在《答王十二寒夜独酌有怀》中写的"君不能学哥舒，

横行青海夜带刀，西屠石堡取紫袍"，指的就是哥舒翰最有名的战绩——石堡城之战。

哥舒翰对西部边疆所作的贡献有目共睹，他维护了边疆的安定，是以边境人民才会诗歌传唱，颂其功德。很多年以后，当哥舒翰早已不在人世，唐德宗对他的儿子哥舒曜说："尔父在开元时，朝廷无西忧；今朕得卿，亦不东虑。"

高适能成功，和哥舒翰有着密不可分的关系。对于高适而言，哥舒翰不是他人生中唯一的贵人，却一定是最重要的贵人。

天宝十二载（753年），已年过五十的高适得到了哥舒翰的提拔，在他的幕府中担任左骁卫兵曹参军。《旧唐书》记载："河西节度哥舒翰见而异之。表为左骁卫兵曹，充翰府掌书记，从翰入朝，盛称之于上前。"可见，哥舒翰对高适非常器重。

军营里年少有为的青年将士大有人在，哥舒翰却没有因高适年纪大而忽视他的才能，高适年过半百，在那个年代算是已经踏上人生的末班车了。而高适自己呢，也没有因为年纪大就退缩，他牢牢抓住了哥舒翰递过来的机会。

天宝六载（747年）的冬天，高适在睢阳送别友人董大，心中感慨，写了一首诗，即他的代表作之一《别董大》。

> 千里黄云白日曛，北风吹雁雪纷纷。
> 莫愁前路无知己，天下谁人不识君？

"莫愁前路无知己，天下谁人不识君"现如今已是千古名句。

高适这两句诗看似在宽慰董大，实则是说给自己听的。不要担心前路茫茫没有知己，天下有谁不认识你呢？你的才能总会被发现，你的一腔抱负也总有实现的一天。

写下《别董大》的六年之后，高适前路上的知己出现了，他就是哥舒翰。

步入五十岁高龄后，高适整装出发，跟随哥舒翰拔营西征，开始了他人生中真正意义上的征途。他的征途没有星辰大海，只有戈壁黄沙。

哥舒翰在这一战中击溃吐蕃，收复了九曲一带。高适写《九曲词》三首，歌颂哥舒翰在战场勇猛杀敌，保家卫国。

除了这三首《九曲词》，高适还为哥舒翰写了《同李员外贺哥舒大夫破九曲之作》等诗。可见他对哥舒翰是发自内心的钦佩、仰慕。"烈士暮年，壮心不已"，这句诗用来形容当时的高适和哥舒翰再合适不过。

天宝十四载（755年），安禄山反，安史之乱爆发。高仙芝、封常清两员大将战败被斩，朝廷无人可用，玄宗命哥舒翰守潼关，高适也被授予了左拾遗官职，转任监察御史，辅佐哥舒翰一同出征。可是在此之前，哥舒翰于洗澡时中风晕倒，昏迷很久才醒过来，正在养病。他向玄宗称病，玄宗没有同意。《新唐书》记载："翰惶恐，数以疾自言，帝不听。"

潼关一战，安禄山使了诱敌之计，哥舒翰按照郭子仪等人的分析，固守潼关，不出兵迎战。但唐玄宗晚年易听信杨国忠谗言，他在杨国忠的建议下一次次派使者催促哥舒翰出兵。哥舒翰没办法，哭着率军出潼关——他是真的大哭着出潼关的，可见他明知此举不妥，却不得不听上命。这一段，在《新唐书》有明确记载："而帝入国忠之言，使使者趣战，项背相望也。翰窘不知所出。六月，引而东，恸哭出关，次灵宝西原，与乾祐战。"

最终，潼关失守，哥舒翰被俘。高适幸运逃了出来，他一路奔驰，前去河池郡拜见玄宗，上书《陈潼关败亡形势疏》，详细陈述了战败原因和哥舒翰的难处。玄宗觉得高适有大才，升他为御史。

天宝十五载（756 年），太子李亨继位，为唐肃宗，改年号至德。高适被封为淮南节度使，率军讨伐永王，于至德二载（757 年）平永王之乱。

属于高适的时代，真正来临了。

高适没有因为自己受到君王赏识就忘记哥舒翰，在人人都在斥责哥舒翰投降的时候，只有高适在帮他说话。他在《陈潼关败亡形势疏》开篇写道："仆射哥舒翰，忠义感激，臣颇知之，然疾病沉顿，智力俱竭。"

高适认为，哥舒翰对大唐是忠诚的，他只是被疾病困扰，他已经尽力了。

对于哥舒翰是否主动投降，以及对他的人物评价，《旧唐书》和《新唐书》呈现的是两个完全不同的版本。《旧唐书》以斥责贬低为主，《新唐书》则不然。

《旧唐书》记载："翰受署贼庭，苟延视息，忠义之道，即可知也，岂不愧于颜杲卿乎！"大致意思是，哥舒翰主动受降安禄山。

《新唐书》记载："玄宗虽为左右蒙蔽，然荒夺其明亦甚矣。卒使叛将得藉口，执翰以降贼。"大致意思是，玄宗被左右所蒙蔽，做了错误的决定，哥舒翰是被手下的叛将俘虏以降。

值得一提的是，《新唐书》明确肯定了一点，潼关失守，唐玄宗也是有责任的，因为他听信谗言啊。《旧唐书》则没有，把战败责任都归在了哥舒翰一人身上。

之所以会出现这种差异，是因为《新唐书》是北宋时期编撰的。欧阳修代替曾公亮执笔的《进唐书表》吐槽《旧唐书》，"纪次无法，详略失中，文采不明，事实零落"。有问题怎么办？修呗。于是，一支由欧阳修带领的小分队开始着手修编唐史了。这个修史小分队成员有欧阳修、宋祁、范镇、吕夏卿等人，每一个单拎出来都是大佬级的人物。

欧阳修等人面对的是前朝历史，他们只需客观公正，不需要对唐朝王室的名声负责。唐朝廷有错，记上；唐玄宗有错，也记上。毕竟，唐玄宗又不是欧阳修的 BOSS，唐朝廷又不给欧阳修发工资。他们可以查漏补缺，纠错改正，畅所欲言。实在觉得某人某事太可恶了，还可以怼天怼地怼唐朝的空气。

或许，对于哥舒翰潼关战败一事，《新唐书》记录的版本才是高适想看到的吧。那是他的伯乐，是他的知己，是他仰慕的英雄，是大唐的一代战神。

唐代宗继位后，高适于广德二年（764 年）任刑部侍郎，转散骑常侍，加银青光禄大夫，进封渤海县侯，食邑七百户。

永泰元年（765年），高适去世，被追赠礼部尚书，谥曰忠。

这便是高适自强不息的一生。

都说机会只留给有准备的人，高适几经坎坷，却一直在努力着、准备着，是名副其实的大唐"卷王"。《新唐书》这样评价高适："适尚节义，语王霸衮衮不厌。遭时多难，以功名自许，而言浮其术，不为搢绅所推。然政宽简，所涖，人便之。"

杜甫

以诗记史，半生漂泊

"野无遗贤"的闹剧 VS 一波三折的仕途

　　杜甫的后半生几乎都在被安史之乱影响，穷困、潦倒、流离……即便隔着一千多年，他的经历依旧令人唏嘘不已。而他的前半生除了游历河山，大部分时间都在求仕。身为爱国主义诗人的他，是真心想为他热爱的大唐做点什么。遗憾的是，他的求仕生涯跟他后半生的生活一样，坎坷多磨难，一波又三折。

　　若说先天条件，杜甫无疑是优越的。他的爷爷杜审言是唐高宗时期的进士，著名诗人，曾任著作佐郎，修文馆直学士。他的父亲杜闲是兖州司马，他的母亲崔夫人出身于当时的名门望族清河崔氏。幼年时他就展露出了极高的文学天赋，七岁作诗咏凤凰。据他在《壮游》中所写："七龄思即壮，开口咏凤凰。九龄书大字，有作成一囊。"这么看，杜甫绝对是神童本童了。那个年代，普通人家七岁的孩子还在玩泥巴呢。

杜甫在《观公孙大娘弟子舞剑器行》的序言中写道："开元五载，余尚童稚，记于郾城观公孙氏，舞剑器浑脱。"开元五年杜甫才六岁，就有机会见到大唐著名剑器舞蹈家公孙大娘的表演，旁人羡慕不来。此外，他在青少年时期多次出入岐王府和殿中监崔涤的家中，看唐玄宗御用大歌星李龟年的演唱会。

很难想象，这样一位家世良好，从小受文学和艺术熏陶的神童，为何求仕之路如此艰难？毕竟他不像孟浩然那般，以隐居为使命，他是真真切切想求个一官半职，一展心中抱负的。

或许只能说，杜甫的运气不太好吧。

开元二十三年（735 年），24 岁的杜甫第一次去洛阳参加进士考试，没考上。对于尚且年轻的杜甫来说，一次落第不算什么，从头再来便是。他并未耿耿于怀，而是收拾好心情游览名山大川去了。《望岳》就是在这个时候写成的。

岱宗夫如何？齐鲁青未了。
造化钟神秀，阴阳割昏晓。
荡胸生层云，决眦入归鸟。
会当凌绝顶，一览众山小。

青年时期的杜甫还不是后人熟知的那个忧国忧民的诗人，他浪漫过，激昂过，热血过。面对眼前的山川美景，他是充满斗志的，从诗中就能看出他内心的积极向上，"会当凌绝顶，一览众山小"。他很了解自己，他是有才的。有才可倚的他终会等到一展抱负的机会，他没有怨天尤人，一次不成还有下一次。

在外游历那些年，杜甫不仅增长了见识，还结识了李白、高适等一众好友。天宝六载（747年），杜甫回到长安，准备继续参加科举考试。不曾想到，命运跟他开了个一点都不好笑的玩笑。这次科考的干预者是李林甫，后人眼中大名鼎鼎的奸相。

李林甫一直给玄宗灌输"野无遗贤"的思想：我们大唐盛世一片繁荣昌盛，有才之人都在朝堂为陛下效命，朝堂之外已经没有贤能的人才啦。为了印证他"野无遗贤"的说法，他把那一届所有考生都给淘汰了，杜甫也在其中。

二次落榜，杜甫内心是非常沮丧的，这一次并非他学识不够，而是时运不济，怎么偏偏被他碰上这种闹剧？

既然科考之路行不通，只能另想他法。

天宝九载（750年），杜甫献上了《三大礼赋》。后来唐玄宗举行祭祀大典，注意到了杜甫写的文章，就让他待制集贤院。可以理解为，这是个候补官位，一旦有合适的官职空出来，候补者有分配的机会。只可惜，掌控官职分配的人依旧是李林甫。李林甫早就说过"野无遗贤"这样的话，当然不会打自己的脸，所以之后的几年杜甫一直处于待机状态，压根没有实际的事情给他做。

时间一晃而过，转眼到了天宝十四载（755年），四十四岁的杜甫终于等来了人生中第一个官职——河西县尉，传说中的九品芝麻官，这对他来说没什么意义。大概杜甫也觉得自己当这个官有些大材小用，于是"婉拒了"。他写下"不作河西尉，凄凉为折腰"，以表决心。朝廷又改任命他为右卫率府兵曹参军，也是一个小官职。横竖已经这样了，杜甫别无他法，只得接受了这个官职。

杜甫的仕途生涯才刚开始，安史之乱就爆发了。玄宗逃离长安，百姓流离失所，杜甫携带家眷四处避难。后来太子李亨继位，即唐肃宗。杜甫听说了此事，安顿好家人，只身前去投奔肃宗。途中他经历了被贼人俘虏、被送往长安、惊险逃亡等一系列坎坷磨难，总算在凤翔（今陕西宝鸡）见到了肃宗。肃宗封杜甫为左拾遗，这也是他别称"杜拾遗"的由来。

在这一路的颠沛流离中，杜甫忧国忧民，感慨万千，写下了《春望》。

国破山河在，城春草木深。

感时花溅泪，恨别鸟惊心。

烽火连三月，家书抵万金。

白头搔更短，浑欲不胜簪。

然而，杜甫左拾遗的官帽还没戴热乎，又发生了一件牵连到他的事，他的好朋友宰相房琯被罢相了。杜甫上书为房琯求情，触怒唐肃宗，被贬为华州司功参军。

此时战乱并未结束，国家满目疮痍。杜甫在华州任职一阵子后，前往洛阳探亲，在洛阳返回华州的路上，他经过新安、石壕、潼关等地，亲眼见到了百姓在战乱中的困苦，而他自己也是这困苦中的一员。他最有名的现实主义诗歌代表作"三吏""三别"便是在这种心境之下完成的（"三吏""三别"分别是《新安吏》《石壕吏》《潼关吏》和《新婚别》《垂老别》《无家别》）。

杜甫之所以是伟大的现实主义诗人，是因为他本该为国效力的青壮年时期，国家正处于动荡中，他一个人的力量太渺小，能做的也太少，唯有将所见所闻以及满心的悲哀和忧虑寄托于文字。杜甫见证了乱世，乱世间接成就了他的诗词，他也因此被后人铭记、怀念、仰望。

得友人相扶的后半生

若是要评选"最不幸的诗人"，杜甫十有八九是要被提名的。他空有一肚子才学，却碰上那样的乱世，报国无门，在颠沛流离中逐渐成为一位忧心忡忡的颓丧文人。但杜甫同时又是幸运的，他一生中有过仰慕的人、敬重的人、交心的人，也正是那些交心的朋友在他困难的时候无私的帮扶，多次助他度过苦难。

高适是杜甫最交心的朋友之一。他们初识之时，俩人都一样，郁郁不得志。一晃多年过去，高适凭借军功升官，在晚年迎来了人生高光时刻，杜甫却因为遇到战乱，依旧处于潦倒之中。迫于无奈，杜甫给高适写诗求助——《因崔五侍御寄高彭州一绝》。他写这封信时，高适在彭州刺史任上，故称"高彭州"。

百年已过半，秋至转饥寒。

为问彭州牧，何时救急难。

按照诗中所述，杜甫当时已是半百的年纪，生活非常拮据，明明是丰收的季节，他却受着饥寒之苦。他只得托崔五给高适带封信去，问他何时能救个急，帮帮老朋友。

收到杜甫的求助信不久，高适到了蜀州，转任蜀州刺史。恰好杜甫就在蜀地，他在严武等朋友的帮助下，结草庐于成都浣花溪畔，暂时定居下来。高适经常去杜甫的草堂做客，给他提供了不少帮助。那一段时间，二人常有诗文往来，比如，高适给杜甫写了《人日寄杜二拾遗》，杜甫给高适写了《寄高适》。

有高适这么个好友，对杜甫来说不仅是精神上的寄托，也是生活中的后盾。《旧唐书》记载："及郭英乂代武镇成都，英乂武人粗暴，无能刺谒，乃游东蜀依高适。既至而适卒。"大致意思是，郭英乂代替严武镇守成都时，因郭英乂是武夫，比较粗暴，杜甫无法拜谒他，就去了东蜀投奔高适，可惜他抵达时，高适去世了。

除了高适，在杜甫晚年给予他最多帮助的人便是严武了。严武和高适一样，是诗人，同时也是大唐名将，曾立下不少军功。他跟杜甫是世交，二人的关系非常密切，《新唐书》记载："武以世旧，待甫甚善，亲入其家。"

上元二年（761 年），严武任剑南节度使，兼任成都府尹。有老朋友近距离照拂，杜甫的日子比以前安稳了许多。巧的是，后来严武返京，代严武任成都府尹的人是高适。等到高适应召回京，来镇蜀的又是严武。也就是说，杜甫在蜀地的那些年，身边断断续续是有朋友帮衬的，算是他晚年生活中的欣慰之事吧。

生活有所改善，杜甫的心情也有了改善，这一切在他的诗中就能看出来。比如这首《江畔独步寻花》。

> 黄四娘家花满蹊，千朵万朵压枝低。
> 留连戏蝶时时舞，自在娇莺恰恰啼。

诗中的"黄四娘"即杜甫在草堂居住时的邻居。

广德二年（764年），严武再镇蜀地时，推荐杜甫做了他的参谋，即校检工部员外郎，因而后人又称杜甫为"杜工部"。

有朋友相扶，又有官职在身，虽然官并不大，但这些对杜甫来说无疑是生活的最大保障。可惜的是，一年之后严武就去世了，杜甫离开成都，本想去投奔高适，高适也于同年去世。好不容易安定下来的杜甫，再次踏上漂泊的旅途。

大历元年（766年），杜甫辗转到了夔州，得到了夔州都督柏茂林的帮助，在夔州定居。其间柏茂林非常照顾杜甫一家，杜甫的生活又暂时得以安定下来。

不过，朋友的照拂没办法解决根本问题，战乱之苦和流离之困一直伴随着杜甫，也加速了他身体的透支。晚年的杜甫贫病交加，着实令人唏嘘，就像他诗中所说的那样："艰难苦恨繁霜鬓，潦倒新停浊酒杯。"最终，他还是在漂泊的路上因病去世了。

杜甫这一生肯定有很多遗憾，唯独在交朋友这一方面，他应是圆满的。人生得一知己足矣，何况他的知己不止一个。杜甫虽然经历乱世，却留下了诸多纪实性的诗词作品，被后人称为"诗史"，这对于生前不得志的他来说，亦是另一种意义上的圆满了。如韩愈所说："李杜文章在，光焰万丈长。"

顾况

●

红叶题诗，令他千古留名

天宝年间的洛阳旧事

"当年烟月满秦楼,梦悠悠,箫声非旧。人隔银汉几重秋。信难投,相思谁救。……等他诗题红叶,白了少年头。佳期难道此生休?"

这是孔尚任在《桃花扇》中写的一段唱词,其中"等他诗题红叶,白了少年头"一句,便是化用了"红叶题诗"的典故。这个故事发生在距现在一千多年前的唐朝天宝年间,主人公是当时兼诗人、画家、鉴赏家等头衔于一身的大才子顾况。

那一年顾况才二十来岁,年轻、耿直,满腹诗书。他曾游学于长安,闲暇之余喜欢与三五友人吟诗赏景,过得正是诗人应有的诗情画意般的生活。

故事发生的那年秋天,顾况身处洛阳。洛阳与长安离得很近,她繁华而风流,古韵而诗意,有美人解语,有牡丹倾国,是唐朝的东都,又称神都。城内有宫殿,有内侍,有宫女,规模布局与长安城相差无几。

某日，顾况正和几个志趣相投的友人在洛阳苑中游玩。苑中毗邻皇宫禁苑，有一条水道从禁苑通向苑中。偶一低头，他看见一片题有诗句的红叶沿着水流飘出，感到诧异。他拾起红叶，阅读了上面的诗：

> 一入深宫里，年年不见春。
> 聊题一片叶，寄与有情人。

"一入宫门，寂寥为伴，年年岁岁，暮暮朝朝，仿佛再也看不见阳光灿烂的春日。如今我把这样的心情题写在红叶之上，希望有缘之人能够看见它。"

看这首诗表达的意思，顾况很快猜到，这是禁苑中某位寂寞的宫人所作。她是那样的哀怨，深宫高墙犹如囹圄将她禁锢，她就是一只黄金笼中的鸟儿，有翅膀却不得蓝天，有情愫却不得爱恋，深宫岁月似乎早已把她那颗鲜活自由的心磨得粗糙。而这片红叶仿佛是龟裂的土地上长出的一株嫩苗，尽管不久之后就会枯萎而亡，却在它生长的须臾宣誓了它想活下去的渴望。

顾况看着手中红叶，吟诵了一遍又一遍。他抑制不住心中情绪，也题了一首诗在红叶上：

> 花落深宫莺亦悲，上阳宫女断肠时。
> 君恩不闭东流水，叶上题诗寄与谁？

"深宫中的她是如此的悲凉，日日困于高墙之内，惆怅此情，枉断肠。幸好还有这一条水道通向外面，而我题诗红叶，又是寄给谁呢？"

写完，他把红叶置于河流的上游，让它随着流水飘回宫中。

对于这位有才情的宫女，顾况感慨有之，同情有之。然而他有心无力，莫说他只是一介书生，无权无势，就算他日封官晋爵又能怎样？女子一旦入了宫，她们的命运就注定了。别说他左右不了，恐怕谁说了都不算。

十几天后，顾况的友人在苑中游玩，从水道拾起一片红叶，上面依然是题了诗的。

> 一叶题诗出禁城，谁人酬和独含情。
> 自嗟不及波中叶，荡漾乘春取次行。

友人将这片题诗红叶交给顾况，顾况读了诗之后，既欣喜又遗憾。

题诗的宫人显然没有料到，宫外有人看到了她聊以慰藉写的诗，而且还回应了。顾况的这片红叶就像偶然漏到冰窖的一丝阳光，让她的心情多多少少有所好转。所以惊喜之余，她又和了这一首。

故事到此结束，好似正弹奏哀怨曲调的琵琶断了一根弦，曲声戛然而止，再也没有下文。隔着那道宫墙，他们谁也不认识谁，谁也不了解谁，有的只是偶然寥落、落叶成诗的精神邂逅。

红叶题诗的故事在《本事诗》一书中有记载。大概这个结局太令人唏嘘，于是野史中便有了这样两种后续。

一说，红叶题诗之事渐渐流传开去，传到了皇帝耳中。皇帝觉得这事离奇浪漫，就把题诗的宫人放出宫，成全了她和顾况。

一说，红叶题诗之后没多久，安史之乱爆发，宫人趁乱逃出了上阳宫，她与顾况在战乱中重逢，成就了一段美好的姻缘。

或许，那个匆匆收场没有结局的版本才是历史的真相。可不论真正的结局如何，对顾况而言，那段题写在红叶上的浪漫邂逅，必然是他此生一段美丽的意外。

"红叶传情"的另一版本

有文字记载的历史长河奔流了几千余年，"红叶题诗"这样的邂逅不止在顾况身上发生，因为拘于深宫禁苑的"上阳白发人"远不止他遇见的那位题诗宫人。每每深秋之际，梧叶转红，落在院中的每个角落，这样的景致让高墙之内的她们感受到时间并没有静止，墙外花开正红，岁月正好。偶然落下的红叶勾起了她们的愁思，于是，便有了一件件"红叶传情"的往事。

宋代传奇小说《流红记》所记载的"红叶传情"故事，发生在唐僖宗年间。

书生于祐晚间漫步宫墙外，他在御沟中洗手时看见有红叶随着流水不断飘出，其中有一片叶子上有墨迹。出于好奇，他顺手捡起红叶，只见叶子上题了四句诗：

流水何太急，深宫尽日闲。

殷勤谢红叶，好去到人间。

诗文的伤感让于祐生出感慨。流水匆匆，深宫寂寞，墙内不知哪位女子将心思寄托在红叶之上，企图将她对自由的渴望带出宫门。

于祐神情恍惚，将题诗的红叶带回了家。他禁不住对这位女子产生了好奇，甚至思慕于她。终于，他按捺不住萌动的情感，在红叶上题了两句诗：

曾问叶上题红怨，叶上题诗寄阿谁？

于祐把红叶放进御沟上游，让它随着流水漂回宫中。他希望那位宫女能看到他回的诗，尽管他知道可能性不大。

后来，于佑科举落第，为了生计他在一位叫韩泳的富人家里当教书先生。韩泳同情他，平日里对他很是照顾。他见于祐年纪不小了却未娶妻，就说："如今宫中会放出一批年纪比较大的宫女，其中有一女和我同姓，是良家女子，今年三十岁，长得非常漂亮。你到了这个年纪还没娶妻，我很担心啊。不如我帮你聘这位韩姓女子为妻，如何？"

于祐十分感激，他按照韩泳的意思娶了韩夫人。成亲那天，于祐意外发现，韩夫人比他想象中的还要漂亮。婚后，二人琴瑟和鸣，感情非常好。有一天，韩夫人无意中看见于祐一直珍藏的那片题了诗的红叶，惊讶地说："这是我写的诗啊！你是从哪里得到它的？"

震惊之余，于祐还是如实回答了捡到红叶的事。

韩夫人说："我后来也在水中捡到一片题诗的红叶，不知是谁写的。"说完，她把自己珍藏的红叶拿出来给于祐看。

世间之事，有时候偏偏就这么凑巧。韩夫人捡到的红叶，正是当年于祐题诗的那一片。

韩夫人告诉于祐，捡到红叶之后，她和了这样一首诗：

> 独步天沟岸，临流得叶时。
> 此情谁会得，肠断一联诗。

夫妻俩激动之情难以言表。谁又能想到，以红叶题诗传情的两个人，能在将来的某一天相遇，并结为夫妻呢？

这个浪漫得有些不可思议的故事，一时间成为佳话，广为流传。当朝宰相张濬听了之后，赋诗一首以歌颂此事。

> 长安百万户，御水日东注。
> 水上有红叶，子独得佳句。
> 子复题脱叶，流入宫中去。
> 深宫千万人，叶归韩氏处。
> 出宫三千人，韩氏籍中数。
> 回首谢君恩，泪洒胭脂雨。
> 寓居贵人家，方与子相遇。
> 通媒六礼俱，百岁为夫妇。
> 儿女满跟前，青紫盈门户。
> 兹事自古无，可以传千古。

长安城这么大，为何偏偏是他捡到她的红叶？出宫女子那么多，为何偏偏是她嫁给他为妻？缘分就是这么奇妙，冥冥之中，她以最意想不到的方式出现，那一场相遇不是初见，而是久别重逢。

"离离原上草"的趣事

自顾况写诗《叶上题诗从苑中流出》后，"红叶题诗"的故事也演义出了多种版本。深宫女子皆寂寞，大概她们都想效仿前人，以此排解心中情愫。那一片红叶，亦是一份寄托。这场邂逅始于顾况，却非止于顾况。

而顾况留给后人最深刻的记忆，从年少时"红叶传情"的邂逅，一晃就到了老年时对大诗人白居易的提携。

那个时候，顾况年岁已高，在京城任著作佐郎，而白居易年方十六，正意气风发。

白居易到京城是为了参加三年一度的科举考试，在考试之前，他带着自己的诗词去拜见成名已久的顾况。

"白居易？"顾况看见诗稿上的姓名，禁不住笑了。他半开玩笑半认真地对一脸真诚站在自己面前的青涩少年道："长安米贵，居住不容易啊！"

说完，他打开诗稿阅读起来。

他看到的第一首诗是白居易在后世流传最广的《赋得古草原送别》。

离离原上草，一岁一枯荣。

野火烧不尽，春风吹又生。

远芳侵古道，晴翠接荒城。

又送王孙去，萋萋满别情。

读完，顾况忙收回先前的话。他一本正经地对白居易说："你能写出这样的诗句，在长安居住又有何难？我刚才所说的话只是开玩笑罢了。"

从那以后，顾况每每提起白居易，都对他的才华赞不绝口。他在京城久负盛名，能得他如此夸赞，白居易的受关注程度也越来越高，名声由此大振。

这一故事，在《唐才子传》中的《白居易》一篇也有记载。

千年之后，白居易的名声已远远超越顾况，然而在他们所处的那个年代，"顾况"两个字的分量却是不轻的。顾况是前辈，亦是白居易尊重之人，如若不然，白居易也不会一入京就前去拜访这位著作佐郎了。

顾况能诗亦能画，在他诸多作品中，这首《弃妇词》颇有意义。

古人虽弃妇，弃妇有归处。

今日妾辞君，辞君欲何去。

本家零落尽，恸哭来时路。

忆昔未嫁君，闻君甚周旋。

及与同结发，值君适幽燕。

孤魂托飞鸟，两眼如流泉。

流泉咽不燥，万里关山道。

及至见君归，君归妾已老。

物情弃衰歇，新宠方妍好。

拭泪出故房，伤心剧秋草。

妾以憔悴捐，羞将旧物还。

余生欲有寄，谁肯相留连。

空床对虚牖，不觉尘埃厚。

寒水芙蓉花，秋风堕杨柳。

记得初嫁君，小姑始扶床。

今日君弃妾，小姑如妾长。

回头语小姑，莫嫁如兄夫。

从叙述内容来看，这首《弃妇词》似乎综合了《诗经·卫风·氓》《上山采蘼芜》和《孔雀东南飞》三者的故事，道尽妇人被抛弃后，满心的痛苦和辛酸。顾况身为男子却有此感悟，想必也是一位对感情极其认真的人。

除却诗人和画家，顾况还有一重身份——鉴赏家。他醉心于研究当时的志怪小说，如《冥报记》《古镜记》等，研究成果皆记录在他的《戴氏广异记序》中。

顾况博闻强识，学识斐然，奈何一生都没有得到重用，甚至因得罪权贵而遭遇贬谪。直到晚年隐居茅山，他的生活较之前才稍稍安逸。

顾况这一生际遇一般，为官多年却未有太大成就。然而，不论在诗坛还是在文史，他留下"红叶题诗"这鲜明而浓厚的一笔，已成千古佳话。

李季兰

不是恋爱脑，只是渴望爱

一入道门深似海

和许多传奇人物一样，李季兰小时候有个诗谶故事。那会儿她还不叫李季兰，叫李冶。注意，不是李治。

李冶六岁时，父亲抱着她在庭院玩耍。父亲指着一株蔷薇问："能以此作诗吗？"李冶盯着丛中蔷薇，念道：

经时未架却，心绪乱纵横。

李父听了，不是很高兴。据《唐才子传》记载，李父的原话是这样的："此女聪黠非常，恐为失行妇人。"

一个父亲能对女儿做出这样的评价，可见他心里有多不乐意了。而他之所以这么说，是因为诗中的"架却"与"嫁却"同音，李冶小小年纪就写出这样含义的诗，虽然才华过人，却不是什么好兆头，甚至会有失德行。

为了防止李冶误入歧途，李父想了一个自以为很棒的办法，就是将女儿送到剡中(今浙江嵊州一带)的玉真观当女道士。青灯黄卷，清心寡欲，如此一来，肯定能消除女儿命中的业障！

李父是个"大聪明"，他对这个决定很满意。可他似乎忽略了一点，在唐朝，女道士的自由度可比一般闺阁女子要高得多！唐王朝尊老子李耳为祖先，尊道教为国教，公主贵女入道的不在少数，民间百姓也逐渐加入。而当时风气开放，道观也不例外，不少女道士和异性文人谈论诗词，交往密切，远胜平民女子。不知道是不是因为李父的这个决定，间接将李冶往预言的方向推。

年少的李冶估计也懵住了，作了一首诗就被送去出家。但她没办法，只能听从家里安排。出家后她改了个名字：李季兰。

在道观最初的日子里，李季兰修身养性，研墨、写诗、抚琴……日子如流水，转眼，昔日懵懂的女童长成了才貌双全的少女。《唐才子传》形容李季兰："美姿容，神情萧散。专心翰墨，善弹琴，尤工格律。当时才子颇夸纤丽，殊少荒艳之态。"

随着年纪的增长，李季兰的心境也渐渐改变。或许她生来就不是普通人，即便是在道观这样的清修之地，她也没能成为一位普通女冠。她骨子里对自由和爱情的渴望，如野火烧不尽的春草，挣扎着想从暗无天日的地底探出头。

古人的诗词中，道不尽的情爱比比皆是，或浪漫或凄凉，或传奇或朴实，无论结局如何，总有痴男少女心向往之。李季兰或许就是从诗文中感知了这一切，十六岁那年，她就写出了能吐露自己心事的《感兴》。

朝云暮雨镇相随，去雁来人有返期。

玉枕只知长下泪，银灯空照不眠时。

仰看明月翻含意，俯眄流波欲寄词。

却忆初闻凤楼曲，教人寂寞复相思。

朝云暮雨，含情，寂寞，相思……这些字眼无不昭示着对爱情的渴望。

道观虽是清静之地，但并不阻止外人来访。不少文人墨客途经剡中都会前来游览，甚至还有人慕名前来——在当时，李季兰才女的名气已经流传出去了。

在这些人中，不乏风流名士。李季兰容貌出众，才华过人，又因自小修道的关系，气质超凡脱俗，是平常女子所不能比的。他们与李季兰调笑，李季兰也不生气，坦然应答。久而久之，李季兰美艳女道士的名声愈演愈烈。

李季兰一生中有过好几段感情，每一次她都认真对待，但每一次都受到同样的伤害。她的《相思怨》便成于这种心境之下。

人道海水深，不抵相思半。

海水尚有涯，相思渺无畔。

携琴上高楼，楼虚月华满。

弹著相思曲，弦肠一时断。

她空有才华和美貌，却无人懂得欣赏；她日日与青灯为伴，无人可以倾诉愁思。她会为自己感到委屈，小小的道观禁锢了她的大好人生，以她的才学品貌，为何就是找不到一个真心爱她的人？

她渴望能和普通女子一样，享受爱情的滋润，纵使昙花一现也无怨无悔。而她心中所想，在这首《相思怨》中全都体现出来了："人人都说海水很深，但我觉得这深度还抵不上相思的一半。海面再宽广总还是有个边际，相思之情却绵延不绝看不到边。我拿着琴登上高楼，一边弹琴一边望月，楼中空无一人，只有满地的月光，我的曲子中都是相思，弦断，肠断！"

如此，却还是无人能听懂她曲中的相思。

她只是一个还未经历情爱却不得已出家的女子，修道非她本意，她并不觉得向往爱情有什么不对。她不觉得自己比平民女子差，她有才有貌，只不过在这座道观里，没人欣赏她的美好。

她只是太寂寞了。

曾是爱情的信徒

朱放是李季兰的恋人之一。顾况曾在《右拾遗吴郡朱君集序》评价朱放："朱君能以烟霞风景，补缀藻绣，符于自然。"

朱放本是襄阳人，后移居越州（今浙江绍兴），机缘巧合之下结识了李季兰。李季兰本就渴望爱情，朱放有才气，擅写诗，与她志趣相投，是个再好不过的选择。而李季兰貌美、脱俗，才华横溢，朱放自然也对她动了心。

俩人相处没多久，朱放接到了朝廷文书，要去江西上任。临别时，他写了一首《别李季兰》。

古岸新花开一枝，岸旁花下有分离。

莫将罗袖拂花落，便是行人肠断时。

诗句中带有"行人肠断"这样的直白的字眼，可见朱放和李季兰之间的情意是相当深刻的。他离开后，李季兰一直思念着他，时不时还会给他写信。或许是因为每天想着心上人却远隔山水无法见面，李季兰陷入了愁思，她把对朱放的思念悉数寄托于诗中。如这首《寄朱放》。

望水试登山，山高湖又阔。

相思无晓夕，相望经年月。

郁郁山木荣，绵绵野花发。

别后无限情，相逢一时说。

尽管心中仍然存在念想，但李季兰和朱放的爱情几乎缘尽于此。隔着千山万水，仅凭书信又怎能长久维系感情。朱放之于李季兰，不过是一位路过的爱而不得之人罢了。

阎伯均是李季兰的另一个恋人。

阎士和，字伯均，家族排行第二十六，又称"阎二十六"。他和李季兰的相识与朱放类似，李季兰和他也有过一段情。但历史总是有着惊人的相似，这段感情同样是以阎伯均的离开而告终。

阎伯均离开时，李季兰为他写下了一首《送阎二十六赴剡县》。

流水阊门外，孤舟日复西。

离情遍芳草，无处不萋萋。

妾梦经吴苑，君行到剡溪。

归来重相访，莫学阮郎迷。

"离情遍芳草，无处不萋萋"这两句是在诉说她心中的思念，而"归来重相访，莫学阮郎迷"则是化用阮肇山中采药遇仙女的典故，意为叮嘱阎伯均，不要像阮肇一样在山中迷路，另娶他人，记得要归来。

阎伯均归来了吗？显然没有。不然就不会有这首《得阎伯均书》了。

情来对镜懒梳头，暮雨萧萧庭树秋。

莫怪阑干垂玉箸，只缘惆怅对银钩。

这首诗是李季兰在收到阎伯均书信之后写的。收到了恋人的书信，却"只缘惆怅对银钩"，十有八九是失恋了。

同样的坑，李季兰跳了两次。大概，天赋异禀的才女在情路上终是要比普通人坎坷吧。

李季兰最为人熟知的，应该是她和茶圣陆羽的二三事了。有人说他们二人之间是友情，有人说是爱情，有人说是"友达以上，恋人未满"。不过从她为陆羽写的诗来看，至少没有像对朱放和阎伯均那么明确的相思之意。

陆羽被后人称为"茶圣"，他有着不亚于李季兰的传奇经历。他是弃婴，被竟陵的僧人智积禅师在河边捡到，养育成人。但陆羽不愿意出家，他用《易经》为自己占卜，卦上说"鸿渐于陆，其羽可用为仪器"，他就给自己取名为陆羽，字鸿渐。可见，陆羽是位很有想法的人呢。

长大后的陆羽和同龄人不太一样，他无心考取功名，只醉心于茶文化。他爱茶，热衷于和茶有关的一切。此外，他在儒学和佛学上也深有造诣，这使得他后来和皎然和尚成了挚友。

皎然和尚俗名姓谢，是李白最喜欢的诗人谢灵运的第十世孙。安史之乱后，陆羽离开竟陵，四处游历，为他喜爱的茶文化考察研究。他辗转来到湖州，也正是在此结识了皎然。皎然与他一般，热衷并且精通于茶道，他们每日一起采茶品茗，皎然也将自己在茶道上的见解一一转述给了陆羽。

在此期间，陆羽听闻李季兰的才名，亲自登门拜访。二人都不是泛泛之辈，一个才华卓著，一个精通茶道，很快就成了朋友。

某一日，李季兰身体欠佳，宿于燕子湖畔调养。陆羽听说此事，前去探望了李季兰，并亲自为她煎药。李季兰见陆羽忙里忙外，端茶送水，十分感动，写了一首《湖上卧病喜陆鸿渐至》。

昔去繁霜月，今来苦雾时。

相逢仍卧病，欲语泪先垂。

强劝陶家酒，还吟谢客诗。

偶然成一醉，此外更何之？

如此情谊，纵使不是恋人，也超越了普通朋友关系。

很多年后，李季兰名列唐朝四大女诗人之一，陆羽也成了大名鼎鼎的茶圣。他们的往事常被后人提起，对于他们二人没能修成正果一事，很多人觉得遗憾。然而，有一种成功叫作顶峰相见。他们在历史上留下了自己的姓名，这已经是最好的结局。

和诗僧的禁忌之情

某日，皎然和尚去寻访陆羽，几次登门陆羽都不在。皎然以为陆羽是听说了哪里有好茶，兴致上来去寻茶了。为此，皎然写了一首《寻陆鸿渐不遇》。

> 移家虽带郭，野径入桑麻。
> 近种篱边菊，秋来未着花。
> 叩门无犬吠，欲去问西家。
> 报道山中去，归来每日斜。

后来见面，皎然向陆羽问起，为何多次寻他，他却不在。陆羽如实回答，他去寻李季兰了。

经陆羽介绍，皎然总算见到了李季兰本人。李季兰跟他想象中的不一样，她不像是一位普通女冠，她太漂亮了，也太有学识了，而且她似乎并不醉心于修道。同是出家人，皎然却虔诚得多。

相熟以后，李季兰、陆羽、皎然时常一起饮茶论诗。皎然是谢家的后人，便是出过东晋名士谢安、"谢家宝树"谢玄和"咏絮才女"谢道韫的谢家。许是出身于这样的家族，皎然比其他僧人更超凡脱俗，他是茶僧，也是诗僧。

李季兰不由自主对皎然动了情。她肯定知道，她不该动这份心思的，皎然是僧，她是道。他们的关系，不像她和朱放、阎伯均那般，可以随心所欲。可潜藏在李季兰心中的种子开始发芽，她抑制不住这样的感情，终于写诗向皎然吐露了心思。

皎然对佛的虔诚超乎李季兰的想象，纵使面前的女子再美丽再多情，也没能撼动他的心。他作了一首《答李季兰》，巧妙而委婉地回绝了她。

天女来相试，将花欲染衣。

禅心竟不起，还捧旧花归。

"天女来相试，将花欲染衣"两句化用的是《维摩诘经》中的典故。维摩诘菩萨讲经时，一天女向众弟子撒花，花飞到菩萨身上即落去，飞到弟子身上则不落。弟子问天女，天女说："结习未尽，故花着身；结习尽者，花不着身。"意思是，只有彻底摆脱杂念，一心向佛，才能做到花不沾身。皎然写下这两句诗，意思很明显，他要学习那一心向佛的菩萨，花不沾身。

李季兰未必没料到会是这样的结果，她将心中之爱说出口，不一定是真想得到皎然的正面回应，或许她只是仰慕他的风采，情难自禁。

她是女冠，可她的心太小，装不下万里鲲鹏，只求遇到一个真心人，以寄托心中的相思。他是僧人，他的心却很大，装着佛，装着禅，装着茶，装着诗书礼义，唯独装不下她。禅心不改，就只能捧花还归了。

有了这样几次情意萌动却无疾而终的经历，李季兰逐渐不再对爱情抱有幻想。可能是为了对前几段感情进行一个总结，她写了一首《八至》。

> 至近至远东西，至深至浅清溪。
> 至高至明日月，至亲至疏夫妻。

就好像现如今人们常说的，再深刻的爱终究敌不过时间。爱情是会随着时间慢慢淡去的，夫妻成亲前或许你侬我侬、如胶似漆，一旦相看两厌，那还是曾经恩爱的彼此吗？及尔偕老，老使我怨。

李季兰这首诗看似在自嘲，又像是在警示世人。但她应该没有后悔过，细看《全唐诗》收录的她写的那些诗，有渴望爱情的，有抒发相思的，有送别友人的，却没有一首是在埋怨那些对她绝情的人。身为女道士，她体会过爱情的滋味，有过相爱的人，她的相思之弦并未断在她花一般的年岁。于她而言，已是圆满。

被杖杀的唏嘘结局

李季兰的交际圈不小，来往的男人也很多。她的异性好友除了陆羽、皎然之外，还有著名诗人刘长卿等人。《唐才子传》记录了她和刘长卿的一个有些污的段子。

某日李季兰和一帮文人在乌程（今浙江湖州）的开元寺聚会。李季兰知道刘长卿患有阴重之疾，即疝气，于是借用陶渊明的诗向他开了个玩笑："山气日夕佳。"

"山气"谐音"疝气"，李季兰是在问刘长卿，你的疝气好了吗？

刘长卿听了，也用陶渊明的诗回答："众鸟欣有托。""众"与"重"谐音，刘长卿的意思是，虽然阴重，但"有所托"啊。

在座之人听了，哄堂大笑。

辛文房在《唐才子传》记录这件事时，点评了一句："其谑浪至此。"作为后人的他估计也有些无语吧。哎，这群人开起玩笑来真是没眼看呐！

不过，即便是开这种"谑浪"的玩笑，李季兰和刘长卿依然能用文雅的诗句一问一答，也算是不同凡响了。刘长卿称李季兰为"女中诗豪"，高仲武也在《中兴间气集》中评价李季兰："士有百行，女唯四德。季兰则不然。形器既雄，诗意亦荡。自鲍照以下，罕有其伦。"

只可惜，女中诗豪李季兰的命运却有些令人唏嘘。

时间倒退到李季兰六岁那年。春日，后院，蔷薇，作诗……李父一语成谶，一切似乎都应验了。即便他煞费苦心，从小将女儿送进道观，既定的命运却无法更改。更甚者，或许父亲就是她命运的推动者之一。

很多年过去了，李季兰年纪越来越大，名气也越来越大，逐渐传到了皇帝耳中。皇帝听闻才女李季兰的美貌和才名，按捺不住好奇心，想见见她。

接到天子召见，李季兰喜忧参半。那时的她已不再年轻，在这样的年岁却进宫朝见，意义似乎又不一样了。带着这样的心情，她写下了《恩命追入留别广陵故人》。

无才多病分龙钟，不料虚名达九重。

仰愧弹冠上华发，多惭拂镜理衰容。

驰心北阙随芳草，极目南山望归峰。

桂树不能留野客，沙鸥出浦谩相逢。

在诗中，李季兰既有得到皇帝召见的喜悦，又有年华不再的哀叹，同时也表达了对故友的不舍。

皇帝或许以为李季兰是个美丽的才女，见到本人略有些失望，说了句"原来是位俊俏的老太太啊"，然后给了她一笔丰厚的赏赐。

关于李季兰的结局，《奉天录》记载："时有风情女子李季兰，上泚诗，言多悖逆，故阙而不录。皇帝再克京师，召季兰而责之曰：汝何不学严巨川有诗曰：'手持礼器空垂泪，心忆明君不敢言。'遂令扑杀之。"

这已经是很多年之后的事了，根据记载，此事应是发生在唐德宗年间。泾原兵变爆发，唐德宗逃出长安，前往奉天避难，叛将朱泚自立为帝。朱泚大概是想为自己歌功颂德，找到了声名在外的女诗人李季兰为他写诗。李季兰迫于无奈，真就写了，而这首诗在不久后成为她丧命的元凶。

唐德宗收复长安的第一件大事就是肃清叛党，曾为叛党写诗的李季兰也在此之列。唐德宗没有怜悯她年事已高，直接下令将她杖杀。

一代才女李季兰，空有满腔学识，奈何命运捉弄，未能得到她期盼的爱情，却落得了死于非命的结局。可叹！

韩愈

●

不想当官的吃货不是优秀的文学家

考试太难，文豪也烦

韩愈，又称韩昌黎，"唐宋八大家"之首，有"文起八代之衰"的美誉。提到韩愈这个名字，大多数人的第一印象无非是文学家、大文豪、文坛大佬等。然而，大文豪韩愈可是参加了三次科举考试都被刷下的人哦。意不意外，惊不惊呆？

韩愈自幼聪慧，开蒙很早。他在《与凤翔刑尚书书》中写道："生七岁而读书，十三而能文，二十五而擢第于春官，以文名于四方。"七岁读书，十三岁作文章，这智力水平跟大诗人杜甫差不多，神童标配。而韩愈能有这么好的学习基础，跟他兄嫂的培养密不可分。是的，韩愈是孤儿，幼年是由兄嫂抚养的。

韩愈的父亲韩仲卿曾任秘书郎，在韩愈三岁时就去世了。韩愈的母亲史料中很少提及，去世也早。幸好他的兄长韩会年长他不少，兄嫂照顾他的同时，也很注重对他的培养。如他所述"蒙幼未知，鞠我者兄。在死而生，实维嫂恩"。

后来，韩会迁任韶州（今广东韶关）刺史，在韶州去世了，年幼的韩愈只能和长嫂郑夫人相依为命，他们将韩会的遗体迁葬回河南老家，后又一起移居宣城。郑夫人对韩愈无微不至，韩愈也很敬重长嫂，他从小就刻苦学习，希望有朝一日出人头地，能够报答郑夫人。

带着这样的志向，贞元三年（787年），十九岁的韩愈向长安出发，开始了他坎坷的科考之路。他在长安考了三年，三次落第。这三年间，他先是投奔了族兄韩弇，韩弇去世后，他又得到了唐朝名将马遂的帮助。尽管过程艰辛，好歹是熬过来了。到了贞元八年（792年），韩愈苦尽甘来，终于考上进士。

贞元九年（793年），韩愈参加吏部的博学宏词科考试，惨遭淘汰。不幸的事接踵而至，郑夫人在这时候去世了。韩愈非常悲痛，他赶回宣城守丧，为长嫂写下了悼文《祭郑夫人文》。文章开篇写道："维年月日，愈谨于逆旅备时羞之奠，再拜顿首，敢昭祭于六嫂荥阳郑氏夫人之灵。呜呼！天祸我家，降集百殃。"

郑夫人去世，对韩愈来说是一个很大的打击。这二十多年来，亲人们一个个离他而去，连他想报答长嫂这么一个小小的愿望也破灭了。

贞元十年（794年），韩愈再次回到长安，再战吏部考试，再次失败。第二年，韩愈三战吏部考试，三次失败。加上之前考进士的三次落第，大文豪韩愈一共考砸了六次。大数据不骗人，看谁以后还敢小看科举考试的难度。"三十老明经，五十少进士"可不是开玩笑的，历史上有多少文坛大佬在科举考试上栽过跟头，十根手指都数不过来。

多次考不中，估计韩愈也很绝望，他决定换个路子——求推荐。既然要干谒，那当然是找朝中说话最有分量的人。他把目标瞄准了当朝宰相，发挥自己的特长，写了第一篇求职文《上宰相书》。过了十九天，求职简历石沉大海，得不到任何回复。韩愈没有气馁，写了第二篇求职文《后十九日复上宰相书》。又二十九天过去了，依旧没有回复。

换作其他人，可能要放弃了，大不了再找别的门路。但韩愈不是普通人，他是大文学家，他的耐心和气度是旁人远不能及的，他又写了第三篇求职文《后廿九日复上宰相书》。在这篇文章中，韩愈特地强调："愈之待命，四十余日矣。书再上，而志不得通。足三及门，而阍人辞焉。惟其昏愚，不知逃遁，故复有周公之说焉。"大致意思是，我等你的回复等了四十多天，一再给你写信，三次到你家门口，都被人挡了回来，是我太笨，不知道避讳，所以才有了周公的言论。

但是，宰相还是没搭理韩愈，韩愈的三次干谒均以失败告终。

六次考试失利，三次干谒失败，统计下来，在入仕这条路上，韩愈摔了九次。想来也是，"唐宋八大家"岂是那么好入选的，不好好磨磨性子，入场券都拿不到。韩愈非常沉得住气，他屡战屡败，屡败屡战，秉承着"我还会再回来的"这种灰太狼般的不放弃精神，在贞元十二年（796 年）拿到了人生中第一份 offer——宣武节度使董晋的观察推官，属于幕僚工作。去长安考试也很费钱，吃住行都是开销，不找工作赚钱连考试都考不起。

贞元十六年（800 年），在外地当了一圈幕僚的韩愈回到长安，参加第四次吏部考试。皇天不负有心人，这次他终于考中了！

贞元十八年（802 年），韩愈正式走入仕途，被授予国子监四门博士。官职很小，韩愈却没有轻视，他从小官做起，一步一个脚印，为他将来在朝中大展宏图积累了经验。

韩愈用他百折不挠的精神向后人证明了，努力总会有所收获。

后来，韩愈官至吏部侍郎，去世后又被追赠为礼部尚书。到了宋神宗元丰元年（1078 年），韩愈被追封为昌黎伯，从祀孔庙。

他有反骨，拒迎佛骨

佛骨即佛舍利，佛圆寂后留下的遗骨。唐朝佛教文化繁盛，人们对佛骨的热情可见一斑。长安附近的凤翔（今陕西宝鸡）法门寺内有一座护国镇神塔，塔内供着佛祖释迦牟尼的手指骨。佛骨三十年才取出一次，每次开塔仪式都很盛大，普天同庆，万民同欢。

元和十四年（819 年），唐宪宗让使者杜英奇带着三十余人，手持香料鲜花，前往凤翔迎佛骨入皇宫。佛骨从光顺门进入皇宫，要在大内供奉三天，再送往各个寺院。这种三十年难得一遇的盛大场景，长安城的百姓自然不会错过。大家奔走相告，施舍钱财，有人散尽家财，甚至有人烧伤头顶和手臂，争先恐后要供奉佛骨。总之，全民都很疯狂。

韩愈看不下去了，按捺不住心中的冲动，大笔一挥，写了一篇《论佛骨表》。文章的大致意思是，佛教自后汉才传入中国，自古国内是没有的。黄帝、少昊、颛顼、尧、舜、大禹等，这些古时候的皇帝都很长命，那时候天下太平，百姓长寿安乐，但那时根本没有佛教。也就是说，天下安定，皇帝长命，这些都跟佛骨没有一毛钱关系。反观汉明帝时开始有了佛教，他在位只有十八年。之后战乱四起，皇帝一个接一个地死，国家一个接一个地亡。自宋、齐、梁、陈、元、魏以来，供佛越来越虔诚，皇帝的命和国运却都越来越短。

总结起来，信佛压根没用，信佛的皇帝大多短命，佛骨不值得大费周章供奉，陛下你还是不要迎佛骨了。

宪宗看完这篇文章，气炸了：好你个韩愈，敢说我信佛就短命！是可忍孰不可忍！

气头上的宪宗想直接处死韩愈，要不是裴度、崔群等大臣帮着求情，韩愈可能真的要交待在这里了。不过，死罪虽免，惩罚不能免，宪宗把他贬到了当时的偏远荒凉之地潮州，眼不见心不烦。

长安距潮州路途遥远，韩愈一路上吃了不少苦头，他担心自己出什么意外，就给他的侄孙韩湘写了封家书，《左迁至蓝关示侄孙湘》。

> 一封朝奏九重天，夕贬潮州路八千。
> 欲为圣明除弊事，肯将衰朽惜残年！
> 云横秦岭家何在？雪拥蓝关马不前。
> 知汝远来应有意，好收吾骨瘴江边。

诗的大概意思是："我因为一篇文章被贬到遥远的潮州，我本来是一片好意，想帮皇帝规避错事，没有考虑到我这衰朽的身躯。云层笼罩着秦岭，不知道家在何处，路上下大雪，马都不肯往前走了。我知道你远道而来应该是有心的，如果我死了就在瘴江边把我的尸骨收起来。"

很哀伤的一首诗，妥妥的交代后事的口吻，不难看出韩愈这一路都很受罪。万幸的是，他总算平安抵达了潮州。

入职后，韩愈马上给皇帝写了一封《潮州刺史谢上表》，描述了他这一路上的艰难困苦，多亏皇帝仁慈饶了他一条命，他愚笨不懂人情世故惹怒了皇帝，但他本是好意，顺便向皇帝道了个歉，让皇帝原谅他，他祝大唐江山稳固、万世长存。又说自己在这偏远的海岛离死期不远了，不能再像以前那样为皇帝排忧解难，皇帝就是他的天地父母，希望皇帝可怜可怜他。

多么诚恳的一篇文章，掷地有声！宪宗看完，自然是被感动了，他想重新启用韩愈。但当时朝廷有官员跟韩愈不对付，他们抓住时机"黑"了韩愈几句。宪宗犹犹豫豫，还是听从了朝臣的建议，暂时没将韩愈召回，而是改授他为袁州（今江西宜春）刺史。

韩愈在潮州干了大约半年就转任袁州了。他在潮州任职的时间虽短，但也为百姓做了不少实事，潮州人民都很感激他，至今潮州还有为纪念他而建的韩文公祠。

到了袁州，韩愈继续脚踏实地，为人民服务。袁州有一习俗，平民的儿女抵押给人为奴，若是超期没有赎回，就没为家奴了。韩愈想办法赎回了那些家奴，归还给他们的父母，并下令禁止这种陋习，不允许买卖奴仆。

韩愈的仕途和他的入仕之路一样坎坷，但他始终保持着初心，对于某件事，要么不去做，要做就尽力做到最好。

两个倒霉吃货的友情

元和十四年（819 年），韩愈被贬到了大唐的偏远小城潮州。他是河南人，而潮州在广东，天南海北的气候差异，他一时肯定无法适应。但这不是重点，重点是，潮州人民的食物对于韩愈这么个北方人来说，也太奇怪了吧！怀着震撼的心情，韩愈写下了一首《初南食贻元十八协律》。

鲎实如惠文，骨眼相负行。

蚝相黏为山，百十各自生。

蒲鱼尾如蛇，口眼不相营。

蛤即是虾蟆，同实浪异名。

章举马甲柱，斗以怪自呈。

其余数十种，莫不可叹惊。

我来御魑魅，自宜味南烹。

调以咸与酸，芼以椒与橙。

腥臊始发越，咀吞面汗骍。

惟蛇旧所识，实怛口眼狞。

开笼听其去，郁屈尚不平。

卖尔非我罪，不屠岂非情。

不祈灵珠报，幸无嫌怨并。

聊歌以记之，又以告同行。

诗中提到了很多他觉得奇奇怪怪的食物，比如鲎、蚝、蒲鱼、蛤蟆、章等。这还只是一小部分，后面"其余数十种，莫不可叹惊"。都用上"叹惊"两个字了，韩愈当时看到这些食物，心理活动大概是：能吃吗？这真的能吃吗？吃了应该不会死吧？

除了例举奇怪的食物，韩愈还描述了它们的吃法和口味，"调以咸与酸，芼以椒与橙"，说明这些稀奇古怪的食物是咸酸口，还要搭配椒和橙。至于味道如何，那就是"腥臊始发越，咀吞面汗骍"了，一开始是有腥臊味的，吃下去以后面部发汗。

在这一众食物当中，韩愈唯一认识的竟然是蛇。蛇很常见，南方北方都有，但北方很少以蛇肉入菜，韩愈之前应该没吃过。看来，大潮汕的美食很为难这个河南人呐。

韩愈的这首诗是现存较早的关于潮州菜的文字记载。唐朝的潮州菜跟现如今肯定是不一样的，不论是烹饪方式还是调味方式，都还没经过层层改良。不过，有一个点是古今相同的，便是食材。诗中提到的"蚝"就是生蚝，"章"即章鱼，什么蒜蓉烤生蚝啊，章鱼小丸子啊，都是后世吃货们的最爱。

面对奇奇怪怪的潮州菜，起初韩愈内心是拒绝的，可吃着吃着，他发现，居然还不错唉！尤其是蛤蟆，即青蛙。他还为这道菜专门作了一首诗，《答柳柳州食虾蟆》。

> 虾蟆虽水居，水特变形貌。
> 强号为蛙哈，于实无所校。
> 虽然两股长，其奈脊皱皰。
> 跳踯虽云高，意不离污淖。
> 鸣声相呼和，无理只取闹。
> 周公所不堪，洒灰垂典教。
> 我弃愁海滨，恒愿眠不觉。
> 巨堪朋类多，沸耳作惊爆。
> 端能败笙磬，仍工乱学校。
> 虽蒙勾践礼，竟不闻报效。

大战元鼎年，孰强孰败桡。

居然当鼎味，岂不辱钓罩。

余初不下喉，近亦能稍稍。

常惧染蛮夷，失平生好乐。

而君复何为，甘食比豢豹。

猎较务同俗，全身斯为孝。

哀哉思虑深，未见许回棹。

　　柳柳州即柳宗元，当时他被贬到柳州当刺史，故称"柳柳州"。韩愈和柳宗元是很好的朋友，二人在文学成就上旗鼓相当，并称"韩柳"。柳宗元也是"唐宋八大家"之一，并且他俩是八大家中唯二的唐朝人，其余六位都是宋朝人。

　　韩愈这首诗，诗名《答柳柳州食虾蟆》，说明之前柳宗元给他写信时先提到了吃蛙肉。柳宗元是山西人，而柳州地处广西，距韩愈所在的潮州不算特别远。两个北方人被贬到偏远的南方，在饮食上势必会遇到同样的烦恼，当地的特色美食都是他们之前没吃过的，他们需要慢慢适应。

　　韩愈被贬潮州是因为反对迎佛骨，柳宗元被贬柳州则是因为"永贞革新"。永贞革新发生在上一任皇帝唐顺宗永贞年间，这次改革的主要目的是打破宦官专权和藩镇割据的局面。柳宗元，还有跟他并称"刘柳"的大诗人刘禹锡，都是革新派的主力军。改革期间，朝廷推出了一系列新政策，比如打击贪官、打击宦官等。这些新政策势必会影响一大批官员的利益，朝中反对革新的也大有人在。

最终，永贞革新以失败告终，顺宗被迫禅位给太子李纯，即后来的宪宗。革新派领导人王叔文、王伾相继被贬，其余八人如柳宗元、刘禹锡、韩泰、陈谏等，都被宪宗贬到了各个偏远地区当司马。因而，永贞革新又被称为"二王八司马"事件。

柳宗元被贬到了永州当司马，一去就是十年。因永贞革新一事，他一直得不到重用，好不容易离开永州回到长安，很快又被贬为柳州刺史。韩愈在潮州面对一堆闻所未闻的海鲜时，包围柳宗元的也是一大堆柳州特色美食。据传，如今稳居柳州美食榜榜首的螺蛳粉，其由来就跟柳宗元有关。

柳宗元在柳州吃了蛙肉，觉得甚是美味，马上写信告诉了老朋友韩愈，推荐他也尝尝。韩愈尝过蛙肉之后，给柳宗元写了回信。

在这首《答柳柳州食虾蟆》中，韩愈先是描述了蛙的形态和特征，后面又写了句"余初不下喉，近亦能稍稍"，意思是：我一开始实在咽不下去，最近能稍微吃点了。然后他问柳宗元，"而君复何为，甘食比豢豹"。豢豹即豹胎，古人认为最珍贵的食物。这句诗连起来的意思是：你为什么吃蛙肉吃得那么香，就像吃豢豹似的？

毕竟，柳宗元在去柳州之前，在永州待了十年，饮食上的适应能力比韩愈要强。吃久了，他也就习惯了。不仅习惯，还劝慰老朋友：你也吃点吧，蛙肉很好吃的！

同是天涯被贬人，这两位倒霉吃货想必都经历了一番水土不服。但他们能在信中大谈吃喝，互相安慰调侃，也是一种苦中作乐的生活态度吧。

没什么大不了的，吃饱了就不怕。

李端

误入尘世的隐士

曲有误，周郎顾

　　"曲有误，周郎顾"，是一个和音律有关的著名典故。"周郎"指的是周瑜，周公瑾。在《三国演义》中，周瑜被塑造成了一个心胸狭隘之人，但历史上真实的周瑜不仅才华出众，而且胸襟广阔。东吴的老将程普一度不服气居于周瑜这么个年轻小辈之下，多次当面给他难堪。周瑜非但不怪罪，每次见了程普都和言善语。久而久之，程普被周瑜的才华和胸襟折服，感叹："与周公瑾交，若饮醇醪，不觉自醉。"

　　周瑜也非常精通音律。《三国志》记载："瑜少精意于音乐，虽三爵之后，其有阙误，瑜必知之，知之必顾，故时有人谣曰：'曲有误，周郎顾。'"大致意思是，即便在他酒过三盏之后，只要弹奏者出一丁点儿差错，他都能察觉，并回头看弹琴之人，以示提醒。因而，许多弹琴女子为了吸引周瑜的注意，常常故意拨错琴弦。"周郎顾曲"的故事自此流传开来。

在距周瑜所处时代五百多年后，一位名叫李端的人以他入诗，写出了代表作《听筝》。

鸣筝金粟柱，素手玉房前。

欲得周郎顾，时时误拂弦。

"金粟弦的筝弹奏出优美的旋律，素手弹筝的女子坐在玉房前。她想引起周郎的注意，故意时时拨错了弦。"其中，点睛之笔是"欲得周郎顾，时时误拂弦"两句，女儿家的小心思在李端笔下像是被注入了灵魂，在字里行间灵动起来。

理解了诗中含义，不免好奇，诗中弹筝的女子是谁呢？她又是想吸引谁的注意而误拂弦呢？

李端是大历五年（770 年）的进士，"大历十才子"之一，并且在这群才子中也是出类拔萃的人物。他初到长安时，因诗写得好而声名远播，结交了不少志同道合的好友，大唐名将郭子仪的儿子郭暖也是与他相交比较密切的人。这首《听筝》的故事背景，就发生在郭暖府上。

某日，郭府举行酒宴，李端也在受邀之列。他不是第一次来郭府赴宴了，但这次的酒宴和往常不一样，造成这"不一样"的人，正是在玉房前弹筝的婢女。

这位婢女长得端庄秀丽，容颜之美甚至盖过了娴熟的弹筝技艺。正在和友人交谈的李端起先是被曲声吸引，慢慢地，他的注意力转移到了婢女身上，忍不住多看了她几眼。

李端这一暧昧举动没逃过郭暖的眼睛，郭暖素来爱惜李端的才华，顿时有了成人之美的心。他对李端说："我府上这位小姐姐不仅人长得美，弹筝的手艺也是一绝呢！你不是一向擅长写诗吗，要不这样吧，你就以听筝为题写一首诗，如果在座各位都认为你写得好，我就成全你俩，怎么样？"

李端一听，世上竟有这等好事？别的不敢说，写诗他拿手得很！很明显老朋友郭暖故意放水，想成人之美呢。他不胜欣喜，很快就作诗一首，引得在场所有人举杯称赞。

郭暖对这首《听筝》也很满意，他没有食言，按照约定将弹筝女子赠给了李端。

一首曲子和一首诗，成就了一对有情人，这个故事在当时也成了一段佳话。

在世俗和隐居中穿梭

李端是个很有意思的人，他虽饱读诗书，但是不羡慕那些考上科举进入仕途的人，反而羡慕修禅的僧人。他年少时曾在庐山居住，跟着皎然和尚读书学习。他在写给卢纶的诗中提过这段经历，"弱冠家庐岳，从师岁月深"。卢纶是李端的朋友，也是"大历十才子"中的一位。

在另一首诗中，李端写过"少寻道士居嵩岭"这样的句子，能推断出，他年少时还在嵩山修过道。

修道，问禅，读书，这些便是李端青少年时期的主要生活经历。

他曾说过这样的话:"余少尚神仙,且未能去。友人畅当以禅门见导,余心知必是,未得其门。"大致意思是,他小时候就崇尚神仙道术,只是暂时没能前去,他的好友就用禅学引导他,他深以为然,只是没得其法门。

可见,李端对道家学术和佛学禅门都投入过精力。若他一生只是求仙问道,修禅隐居,大历年间就少了一位熠熠生辉的诗人了。他也曾踏入尘世,走过仕途。

大历五年(770年),李端考上进士,被授予了秘书省校书郎的官职。不过他在校书郎任上并没有很久,就因身体原因辞官隐居了。据《唐才子传》记载:"以清羸多病,辞官,居终南山草堂寺。未几,起为杭州司马。"也就是说,李端辞官后在钟南山的草堂寺隐居,没多久又被起用为杭州司马。

对于杭州司马这个职位,李端也不是很感冒。每天面对诉状和刑具,他心生厌倦,开始怀念以前的隐居生活。为此,他特地在虎丘山下购买了田园。住了一段时间后,他觉得虎丘的泉水山石不够幽静,又去衡山隐居了。他还给自己取了个外号,叫"衡岳幽人"。

从嵩山到庐山到钟南山再到衡山,李端可以说是行走的隐士。若是早生些时日,说不定能跟酷爱隐居的孟浩然成为好朋友。

李端的不少诗词是他在长安那些年写的。那时候他刚崭露头角,是新一代诗人中的佼佼者。他与"大历十才子"中的其他友人唱和,少年意气,名士风流。他和郭暖的友情,也是他人生中非常值得提起的一段过往。

郭暖出身显赫,父亲是大名鼎鼎的汾阳王郭子仪。郭子仪又被称为郭令公，是平定安史之乱的主要将领之一，因他的军功，郭氏一门也成了当时首屈一指的大家士族。郭子仪的儿子和女婿，均在朝中担任重要官职。郭暧任太常主簿，是升平公主的驸马。这对夫妻在历史上非常有名，只因一出戏剧，名为《打金枝》，故事大概是这样的。

升平公主深受唐代宗宠爱，平日素来倨傲，嫁给郭暧后，依旧不改公主作风。在寻常百姓家中，儿媳妇见了公婆要行礼，但公主身为天子之女，郭子仪官位再高，在公主面前也是臣，需要给公主行礼。郭暧对父母身为长辈却要给儿媳妇行礼一事本就不满，等到郭子仪寿宴时，他的其他儿子儿媳纷纷拜寿，唯独升平公主迟迟不出现。郭暧心中气愤，在寿宴上多喝了几杯，回去就和升平公主吵了起来。他借酒壮胆，打了公主，还说了句大逆不道的话："别仗着你是皇帝的女儿就目中无人，我父亲只是不稀罕当皇帝罢了。"

升平公主怒火中烧，当下就回宫找她老爹代宗告状去了。所幸代宗宽厚，没有因郭暧酒后一句胡话而降罪。他安慰女儿："郭子仪若有这样的野心，天下就不是我们家的了。"他劝升平公主回去，不要把这事放心上。

自升平公主盛怒离开，郭府就炸开了锅。郭子仪诚惶诚恐，他将郭暧捆绑上殿，向唐代宗请罪。唐代宗劝慰郭子仪，说这只是子女们的夫妻矛盾，不必理会。但郭子仪怒意难消，回府后狠狠打了郭暧一顿。

在戏曲故事中，郭暧和升平公主不仅没有因此事生了嫌隙，误会解除后，感情还更胜从前了。

历史上真实的郭暧贤明宽厚，意趣高雅，喜欢结交才情高尚的名士。他府上常常聚集一批诗文出众的文人雅士，大家歌舞宴饮，诗文会友，不胜欢乐。李端深得郭暧赏识，他对郭暧的为人也极是仰慕。

《旧唐书》中记录了郭府宴会上的一件趣事。

大历年间，风头最劲的十位诗人组成了一个诗词流派，被称为"大历十才子"，他们分别是李端、卢纶、吉中孚、韩翃、钱起、司空曙、苗发、崔峒、耿湋、夏侯审。这十个名字被镌刻在历史年轮中，他们有着羡煞旁人的才华，敢于直面生活的苦楚，寄情山水，追求隐逸，吟诵自然。同时，他们也都是驸马都尉郭暧府上的常客。

每次郭暧在家宴请赋诗，升平公主都会坐在帘子后面听，若是有谁诗写得好，入了公主的眼，公主会赏赐百匹绢缣。某日郭暧升官了，在家里摆了盛大的酒宴，他对十位才子说："大家来作诗呀，谁最先作出好诗，有赏！"

李端最先写好，他吟诵了一首《赠郭驸马》。

> 青春都尉最风流，二十功成便拜侯。
> 金距斗鸡过上苑，玉鞭骑马出长楸。
> 熏香荀令偏怜少，傅粉何郎不解愁。
> 日暮吹箫杨柳陌，路人遥指凤凰楼。

其中"熏香荀令偏怜少，傅粉何郎不解愁"一句，深受公主喜欢。公主一高兴，说要赏李端百匹绢缣。酒宴上其他人都欣赏赞叹李端的诗，唯独钱起提出异议，他认为，这首诗有可能是李端事先写好的，不作数。他提了一个建议："要不你以我的姓为韵，再写一首吧。"即以"钱"为韵。

李端想了想，很快又写了一首：

方塘似镜草芊芊，初月如钩未上弦。

新开金坞看调马，旧赐铜山许铸钱。

杨柳入楼吹玉笛，芙蓉出水妒花钿。

今朝都尉如相顾，原脱长裾学少年。

郭暧很满意，在座所有人没有一个不服气的，李端也就理所当然拿到了公主的赏赐。

李端是个奇人，虽然在仕途上没有走出一片天，但他在入仕的过程中结交了一批志同道合的朋友，与他们诗文唱和，并在后世留名。同时他进退有度，在适当的时候见缝插针，拥有过自己喜欢的隐逸生活。

根据李端之子李虞仲的墓志铭记载，李端是在杭州司马任上去世的，后被追封为兵部侍郎。李虞仲娶妻郭氏，正是郭子仪的曾孙女。

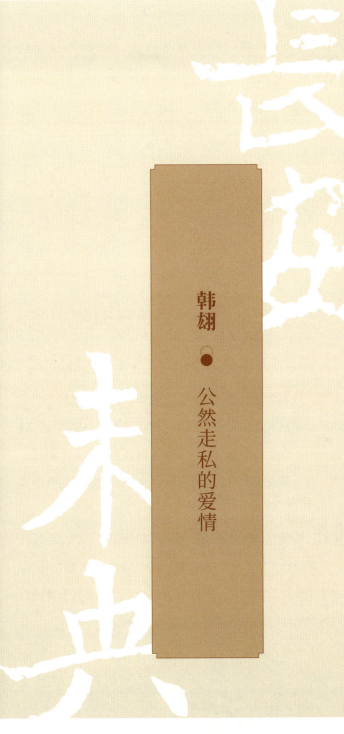

韩翃

公然走私的爱情

《章台柳》和《杨柳枝》

　　韩翃，"大历十才子"之一。他最为人熟知的或许不是他的诗名，而是以他为原型创作的传奇故事《柳氏传》。

　　《柳氏传》的作者是唐朝文学家许尧佐，柳氏即故事的女主角，具体名字不详，只因为她姓柳，家住长安城章台街，又被称作"章台柳"。她是长安富人李生府上的歌姬，因其美丽的外貌和动人的歌喉，艳绝一时。李生虽然富有，但并非有财而无才之人。相反，他爱才惜才，为人豪爽重义气，结交了一帮文人朋友，韩翃就是其中之一。

　　天宝年间，韩翃以诗闻名长安，但那时的他怀才不遇，十分贫穷。李生欣赏韩翃的才华，常常资助他。一来二去，二人结为好友。韩翃经常去李生家里饮酒作诗，有时候喝醉酒了，李生就安排他在家中住下。韩翃所住的宅院，就在柳氏闺房的旁边。

见面之前，柳氏就已听闻韩翃的才名。李生也常夸赞韩翃才华出众，品行高尚。柳氏素来仰慕德才兼备的雅士，那一日韩翃留宿在别院，她就从门缝里偷偷窥探。眼前的韩翃果真如传闻中的那般，气度不凡，非寻常人能比。

只一眼，柳氏就对韩翃动了心。她忍不住对侍女说："韩翃这样的人是不会一直贫贱下去的。"言下之意，韩翃非池中物，迟早有一天会大放异彩。

柳氏的这句话不经意传到了李生耳中，李生猜到了她的心思，非但没有怪罪，反而有意要成全她。

柳氏属于家姬，身份类似于侍女，只不过分工不同。家姬负责貌美如花，家宴时歌舞助兴，陪客人喝喝酒，给主人长长脸。在那个年代，家姬地位很低，好似一件珍贵的物品，既可凸显主人的品位，又可作为礼物赠予他人。李生动了将柳氏转赠给韩翃的心思，但他是好意，想成就一段姻缘。

李生特意安排了一场酒宴，请韩翃入席，又让柳氏作陪。酒至酣处，李生乘兴对韩翃说："柳氏年轻貌美，能歌善舞，韩先生你又如此博学多才，佳人和才子是良配啊。不如我让她伺候你，怎么样？"

韩翃惊坐而起，忙推辞："你不嫌我穷，跟我交朋友，还供我吃穿，我已不知该怎么感谢你。柳氏是你心爱的歌女，我怎么能夺人所爱呢！"

可无论韩翃怎么推辞，李生一再坚持自己的决定，韩翃只好顺应李生的美意，连连拜谢。李生锦上添花，又送了韩翃三十万钱，用来解决他的困境。

柳氏长得漂亮，韩翃不可能一点感觉都没有。得了个这么貌美如花的佳人，又听李生要赠他钱财，他感动得一塌糊涂。

交友如此，韩翃也算是无憾了。

第二年，韩翃参加科举考试，被选为上等，可他却在家闲住了一年。柳氏劝他说："你获得了荣誉和名声，这是可以光宗耀祖的事，怎么能因为我这么个卑微的人耽误你的前程呢？"韩翃只好听柳氏的话，先回老家探亲，再作其他打算。

韩翃走了一年多，柳氏越来越贫困，不得不变卖首饰维持生计。她从原先锦衣玉食的歌女，一下子沦为荆钗布裙的普通妇人。然而，贫穷给柳氏造成的威胁不是最可怕的，她的劫难在于那场颠覆了大唐盛世的安史之乱。

兵荒马乱之中，柳氏剪断头发，故意扮丑，藏身在法灵寺。她不是怕死，只是怕等不到韩翃回来。分别之日仿佛就在昨天，她答应要等他的。

安史之乱那几年是大唐历史上最灰暗的时期，皇帝尚且要逃离长安去蜀地避难，何况是庶民。为了能在乱世苟延残喘下去，他们尽了一切努力。柳氏算运气好的，她得到寺庙的庇佑，躲过了一劫。而彼时，韩翃流落淄青，机缘巧合成了节度使侯希逸的秘书。侯希逸向来仰慕韩翃的声名，对他还不错。

努力活着是因为有所牵挂，柳氏和韩翃大概就是彼此在乱世活下去的信念吧。那段日子，他们隔着万水千山，失去了联系。直到唐肃宗平定叛乱，韩翃才找到机会，派人去长安打听柳氏的消息。他用丝质的口袋装着碎金，口袋上写了一首诗——《章台柳》。

> 章台柳，章台柳！昔日青青今在否？
> 纵使长条似旧垂，也应攀折他人手。

柳氏见到这首诗，哭得很伤心。她知道，他是挂念着她的。而他又是委婉的，他担心她已经另嫁他人。倘若她生活美满，他又有什么理由去打扰她？他的诗带有试探之意：纵使你依旧是往日青色的垂柳，也应该被他人折去了吧？

柳氏哭着回了一首《杨柳枝》。

> 杨柳枝，芳菲节。可恨年年赠离别。
> 一叶随风忽报秋，纵使君来岂堪折。

可就在这个时候，枝节横生，柳氏被一个叫沙咤利的番将抢走了。沙咤利爱柳氏的美貌，对她宠爱有加。

韩翃到了长安，得知柳氏被抢到了沙咤利府上，感叹不已。但碍于沙咤利的权势，他别无他法，只能将思念藏在心里。

有个叫许俊的虞侯听说了此事，心中气愤，决定帮一帮韩翃。他让韩翃写了一封信，只身去了沙咤利府上，把信给柳氏看。柳氏认得韩翃的字，愿意跟许俊走。许俊即刻把柳氏劫了出来，上马飞奔离开。

因沙咤利在平乱中立下战功，深受唐肃宗信任。许俊和韩翃怕招惹祸事，就去找侯希逸，把这事告诉了他。侯希逸感叹不已，他主动上书唐肃宗，禀明了缘由。

韩翃和柳氏几经磨难，他们的故事让很多人动容，天子也不例外。肃宗明白了此中波折，判柳氏归还给韩翃，另赐给沙咤利二百万钱。

后来，韩翃升官，拜中书舍人，"章台柳"的爱情故事也流传至今。

只可惜，经历时光的冲刷，"章台柳"三个字早已失去了原来的意味。因章台是妓院集中地，章台柳逐渐变成了妓女的代名词。如关汉卿在《南吕·一枝花·不伏老》中就写有这样一句："我玩的是梁园月，饮的是东京酒，赏的是洛阳花，攀的是章台柳。"

不过，无所谓后世之人怎么称谓，他和她的爱情算是拥有了一个圆满的结局。就像莎士比亚所写：我借着爱的轻翼飞过圆墙，因为砖石的墙垣是不能把爱情阻隔的，爱情的力量能够做到的事，它都会冒险尝试。

写"春城无处不飞花"的那个韩翃

众所周知，唐代传奇故事一般是在原型基础上加以演义的。《柳氏传》对于韩翃生平的描述，哪些是史实，哪些是加工过的，很难判断。但根据《唐才子传》《本事诗》等作品的记载，《柳氏传》

的框架跟韩翃人生中的大事件基本吻合：天宝十三载（754年），登进士科；宝应元年(762)，在淄青节度使侯希逸幕府任职；永泰元年（765年），侯希逸幕府撤销，十年未曾出仕；大历九年（774年），任汴宋节度使田神玉从事。再后来，韩翃因一首《寒食》得到了唐德宗赏识，官至中书舍人。

在大历十才子中，属李端和韩翃风头最劲。李端走红是因为他那首《听筝》，韩翃"出风头"固然和章台柳的故事密不可分，但也离不开这首脍炙人口的《寒食》。

> 春城无处不飞花，寒食东风御柳斜。
> 日暮汉宫传蜡烛，轻烟散入五侯家。

这首诗写的是韩翃眼中长安城寒食节的景象。寒食是古人重视的节日之一，在清明之前，风俗是禁烟火、吃冷食。

寒食节起源于春秋时期，相传晋文公重耳继位前曾在各国流亡，生活艰难，常常衣不蔽体，食不果腹。在他饿得奄奄一息时，跟随他的贤士介子推偷偷割下大腿上的肉，煮成肉汤为他充饥。重耳非常感动，发誓要报答介子推。

重耳成为晋国的国君后，忘了昔日誓言。介子推并没有放在心上，他不愿邀功，而是带着母亲在深山隐居了。重耳想起旧事，想给介子推封赏，介子推不受。为了逼介子推出来，重耳让人放火烧山。最终，介子推和母亲被烧死在一棵大树下。重耳后悔不已。

为了纪念介子推，重耳规定在介子推忌日这天禁止生火做饭，只吃冷食。从那以后，寒食节成了中国的传统节日。随着时间推移，寒食节当天发展出了很多新习俗，比如插柳、踏青、赏花。

韩翃的《寒食》一诗，在当时颇有名气。《唐才子传》就记载了唐德宗与"春城无处不飞花"的故事。

朝中缺少一名负责起草制诰的官员，中书省上报了两次候选人名单，德宗都不是很满意，迟迟没有批复。中书省再次请示德宗，德宗说："就让韩翃来当这个官吧。"

当时有两个韩翃，同名同姓，另一个韩翃在江淮刺史任上。宰相问德宗："是授给哪个韩翃？"德宗说："给那个写'春城无处不飞花'的韩翃啊。"

之后，韩翃接到了诏令，以驾部郎中的官职掌管制诰。再后来，韩翃升官，做到了中书舍人。细算来，这首《寒食》算是韩翃仕途生涯的敲门砖。其中，又以"春城无处不飞花"一句最出名。

高仲武在《中兴间气集》这样评价韩翃："韩翃员外诗，匠意近于史。兴致繁富，一篇一咏，朝士珍之，多士之选也。如'星河秋一雁，砧杵夜千家'，又'客衣筒布润，山舍荔支繁'，又'疏帘看雪卷，深户映花关'，方之前载，芙蓉出水，未足多也。其比兴深于刘员外，筋节成于皇甫冉也。"这里的"刘员外"指的是诗人刘长卿。

明朝杨慎在《升庵诗话》中写道："唐人评韩翃诗，谓'比兴深于刘长卿，筋节减于皇甫冉'。比兴，景也；筋节，情也。"

韩翃的一生算不得荡气回肠，也算不得轰轰烈烈。他的幸运在于，不论人生中遇到什么问题，总有人能机缘巧合地帮他解决。如李生，如侯希逸，如许俊，如唐肃宗。或许，唐德宗也算一个。

元稹

●

有诗为证，是个多情种

年少时热烈的"情"

当元稹为亡妻韦丛写下著名悼亡诗《离思五首》的时候，不知他是否想过，曾将一片真心赋予他却又被他始乱终弃的崔氏少女双文。应该是没有吧，据记载，在失去爱妻没多久，他依然风流史不断。

双文是元稹母系一族亲戚中的远房表妹，也是元稹所著传奇小说《莺莺传》（又名《会真记》）中女主角崔莺莺的原型。

元稹寄居蒲州的时候，与少女双文相恋，二人有过一段缠绵悱恻的爱情。不过这段感情持续的时间并不长，双文后来被元稹抛弃，因而在《红楼梦》中，曹雪芹也借林黛玉之口说："双文诚为薄命人。"

双文，姑且称她为崔莺莺吧。在元稹的笔下，她为人熟知的便是这个名字，还有他写的那首《赠双文》。

艳极翻含怨，怜多转自娇。

有时还暂笑，闲坐爱无憀。

晓月行看堕，春酥见欲消。

何因肯垂手？不敢望回腰。

《莺莺传》因被王实甫改编成《西厢记》而妇孺皆知，在王实甫笔下，这是一个浪漫而圆满的爱情故事，张生高中状元，与崔莺莺终成眷属。然而在《莺莺传》中，结局却大相径庭：崔莺莺被张生狠心抛弃，后另嫁他人。

大抵王实甫也觉得崔莺莺的命运太过惨淡，所以他美化了这个故事，给了莺莺一个曾是她臆想中的美好结局。可王实甫未必知道，那时候的崔莺莺是否真的想要这样的结局。

在《莺莺传》中，元稹以旁观者的角度讲述了化名"张生"的他和崔莺莺从相爱到相离的全过程。

唐朝贞元年间，张生到蒲州游览，寄居在当地的普救寺。在原文中，元稹对张生的描述是，性情温和，容貌俊美，意志坚定，脾气孤僻……虽然已经二十三岁了，却从未接近过女色。作为一个风流才子，元稹给张生做的这个人设就有点耐人寻味了。

在张生寄居寺庙期间，一位姓崔的寡妇带着家人要回长安，也暂居于此。崔是她夫家的姓，她本姓郑。张生与她攀谈之后才发现，她竟是自己远房的姨母。当时，蒲州一位丁姓宦官大肆抢夺百姓钱财，张生托与自己交好的蒲州将领前来帮忙，保住了崔家人的性命和财产。崔母感激张生，让子女出来拜见，于是成就了张生与崔莺莺的邂逅。

而后的事，和《西厢记》如出一辙。张生爱上了崔莺莺，在婢女红娘的帮助下，二人终是完成了花前月下的好事。

张生前往京城考功名，名落孙山。他在逗留京城期间，和崔莺莺一直有书信往来。崔莺莺忘不了张生，信中也是情真意切，并把自幼贴身佩戴的玉环赠予张生。岂料，张生居然把崔莺莺写给他的如此隐私的信件拿给朋友看，他的朋友们还为此填写了诗词。

这个时候，元稹又以真实姓名客串故事中，写下一首《会真诗》，记录了张生和崔莺莺的故事。此事人尽皆知之时，元稹自托问张生的看法。张生竟义正词严地说："大凡上天派至人间的非凡之物，若不祸害自己，一定祸害他人。假使崔莺莺遇到富贵之人，凭借宠爱，能不做这般风流韵事，而成为潜于深渊的蛟龙，那么我就不知道她会变成什么了。"

然后他又举了殷纣王和周幽王因女子而亡国的例子，表示要克制自己的感情，与崔莺莺恩断义绝。

爱上一个道貌岸然的伪君子。

爱上一个道貌岸然的伪君子，而他始乱终弃。

爱上一个道貌岸然的伪君子，而他始乱终弃，并且反咬一口，将污水全泼在自己身上。

这便是崔莺莺的三大悲哀。

她真心爱他、待他，将少女最美好的期许寄托在他身上，到头来，换取的却是他一句"我的德行难以胜过怪异不祥的东西，所以只能克制自己的感情，跟她恩断义绝"。

原来，在他眼中她竟然是一个"不祥的尤物"；她因爱他而不惜抛弃少女的羞耻之心，与他成就鱼水之欢，在他眼中却是败坏伦常的风流韵事。狠绝如张生，怕是再难有第二人了吧。

《莺莺传》的结尾，崔莺莺另嫁他人，张生另娶。后来张生路过崔莺莺家，让崔莺莺的丈夫转告，想见她一面，以解思念之苦。崔莺莺没有见他，而是写了绝情诗，与他恩断义绝。这大概是崔莺莺最清醒的一个决定。

张生是否嫌自己伤害崔莺莺不够多？罗敷已有夫，使君亦有妇，不知他为何要去打扰他人的幸福。更令人难以捉摸的是，张生还得到时人的赞赏，认为他的所作所为是"不陷于迷惑"的明智之举。想来，这不过是用以洗刷自己的托词罢了。

元稹是否真心爱过双文？若说爱，他怎么忍心在《莺莺传》中借张生之口如此描述她？若说不爱，他为何又写出那么情深意切的《杂忆五首》去思念她？

其一

今年寒食月无光，夜色才侵已上床。
忆得双文通内里，玉栊深处暗闻香。

其二

花笼微月竹笼烟，百尺丝绳拂地悬。
忆得双文人静后，潜教桃叶送秋千。

其三

寒轻夜浅绕回廊，不辨花丛暗辨香。
忆得双文胧月下，小楼前后捉迷藏。

其四

山榴似火叶相兼，亚拂砖阶半拂檐。

忆得双文独披掩，满头花草倚新帘。

其五

春冰消尽碧波湖，漾影残霞似有无。

忆得双文衫子薄，钿头云映褪红酥。

在一起的时光虽然短暂，但双文的一举一动，一颦一笑，全都深深刻在了元稹的心上。如若不然，他又岂能想起那么多和她有关的欢愉画面？

他怀念的，是她云鬟花颜，穿着单衫的模样；他怀念的，是她花草满头，倚着湘帘的模样；他怀念的，是她经过回廊，月下微笑的模样；他怀念的，是她独倚秋千，安静美好的模样。

权且当他爱过吧，爱她的年轻貌美，爱她的活力朝气。除此，或许再无其他。

也有过"曾经沧海"

贞元十八年（802 年），太子少保韦夏卿的幼女韦丛下嫁给了元稹。韩愈曾在给韦丛写的墓志铭上这样描述"夫人于仆射为季女，爱之，选婿得今御史河南元稹。"

之所以说下嫁，是因为婚配时元稹尚无功名在身，而韦丛则是名门闺秀。婚后，韦丛跟着元稹过了多年贫穷的日子。很难想象，这样一位大家闺秀居然愿意褪去绫罗衣裙，摘下翡翠珠钗，离开朱楼绮户，从一个养尊处优的贵族小姐沦落为荆钗布裙的贫贱妇人。

韦丛对这样的生活毫无怨言，默默做着才子元稹背后的女人，为他缝衣做饭，择菜买酒，陪着他过了整整七年的贫困日子。好不容易等到元稹出人头地，官拜监察御史，有能力让她过好日子的时候，韦丛一病不起，撒手人寰。

相比双文，韦丛似乎更凄凉。无论是从前下嫁于他，还是婚后守候他，她仿佛生来就是为了成全他的功成名就。她与他共苦过，却从未同甘。而元稹为韦丛做过的最浪漫的事，就是在她离世之后，写下了那首千古流传的悼亡诗，《离思五首·其四》。

> 曾经沧海难为水，除却巫山不是云。
> 取次花丛懒回顾，半缘修道半缘君。

元稹娶韦丛，其实离他抛弃双文并没有很久。那一年元稹二十五岁，韦丛二十岁。

韦丛的父亲韦夏卿一向爱惜人才，元稹虽然科考落地，但才名依旧。韦夏卿认定元稹非池中物，带着半欣赏半为女儿将来考虑的心态，将韦丛许配给了元稹。

事实证明韦夏卿没有看走眼，元稹是才子，且才华不浅，他于贞元十九年（803 年）考中书判拔萃科，任秘书省校书郎。

那么，元稹和韦丛的婚后生活是什么样的呢？在韦丛去世之后，元稹曾作《遣悲怀三首》来追忆他们共度的时光。

其一

谢公最小偏怜女，自嫁黔娄百事乖。

顾我无衣搜荩箧，泥他沽酒拔金钗。

野蔬充膳甘长藿，落叶添薪仰古槐。

今日俸钱过十万，与君营奠复营斋。

其二

昔日戏言身后意，今朝都到眼前来。

衣裳已施行看尽，针线犹存未忍开。

尚想旧情怜婢仆，也曾因梦送钱财。

诚知此恨人人有，贫贱夫妻百事哀。

其三

闲坐悲君亦自悲，百年都是几多时！

邓攸无子寻知命，潘岳悼亡犹费词。

同穴窅冥何所望？他生缘会更难期！

惟将终夜长开眼，报答平生未展眉。

诗中记录的是一些生活琐事，却也能看出生活不易。"顾我无衣搜荩箧，泥他沽酒拔金钗。野蔬充膳甘长藿，落叶添薪仰古槐。"大致意思是，他们有时甚至衣不蔽体，食不果腹。为了帮他缝制一件像样的衣服，她翻箱倒柜，努力寻找能够拼凑的衣料；为了能让他在客人面前有面子，她拔下金钗，为他换来买酒的钱；为了让他能吃上一顿饱饭，她扫落叶生活，摘野菜充饥……

辛劳至此，韦丛身上哪里还有昔日富家千金的影子，俨然是一位操劳的妇人。诚如元稹诗中所写，"贫贱夫妻百事哀"，恐怕他自己也没料到，此生会连累她堕入清贫吧。

元稹为韦丛写过很多诗，最著名的莫过于《离思五首·其四》。她是他的弱水三千，除了她之外他眼里再也容不下别的女人。他于万花丛中过，却没有一个女人能打动他，其中缘由，一半是他爱她，一半是他要修身养性。

有多少女子羡慕韦丛，能得到"曾经沧海难为水，除却巫山不是云"的爱情。殊不知传奇的背后，隐藏的往往是令人心酸的往事。

韦丛病重时，元稹正和女诗人薛涛谈恋爱。韦丛去世第二年，元稹便纳了妾室安仙嫔。似乎，他并不像他在诗中表露的那般深情。

他为韦丛写下诸多情深意切的诗词，使得后人能记住他曾娶过这样一位温柔贤惠的妻子，这是韦丛之幸。可是嫁给以风流著称的他，陪他过了七年极度清贫的生活，大概也是她的不幸。

他的那些"过客匆匆"

元稹风流，他爱过的女子很多，爱他的女子也不少，其中最为人津津乐道的不外乎大名鼎鼎的蜀中才女薛涛。

薛涛，成都著名歌伎，也是唐朝四大女诗人之一。《唐才子传》记载："元和中，元微之使蜀，密意求访，府公严司空知之，遣涛往侍。"大致意思是：元和年间，元稹去蜀地任职，曾偷偷寻访过薛涛，严司空知道这事之后，让薛涛去侍奉元稹。

和元稹相恋的时候，薛涛已经四十一岁了，元稹才三十岁。这段相差十一岁的姐弟恋无论在诗坛上还是在文学史中，都是浓墨重彩的一笔。

薛涛美丽而有才华，和她在一起的日子，元稹过得甜蜜而滋润。不过他们相处的时间不长，仅四个月而已。因韦丛的去世，元稹不得不赶回家，这一去就再也没有回来。

薛涛觉得元稹是不会抛弃她的，她一直痴痴地等着。

和元稹分开的日子，薛涛一直用精美的红笺给他写信，便是她自创的"薛涛笺"。直到五十多岁，历经多年的薛涛终于醒悟：元稹不可能许给她一辈子幸福。她慢慢看开了，从此穿着女冠服，深居简出，孤独终老。

对于和薛涛的这段感情，元稹留下的也就是那首《寄赠薛涛》了。

锦江滑腻峨眉秀，幻出文君与薛涛。
言语巧偷鹦鹉舌，文章分得凤凰毛。
纷纷辞客多停笔，个个公卿欲梦刀。
别后相思隔烟水，菖蒲花发五云高。

也不知元稹是否真心爱过薛涛，和薛涛分开没多久，他马上看上了另一个让他心驰神往的女诗人，刘采春。彼时，刘采春已有丈夫。这原本是一个"还君明珠双泪垂，恨不相逢未嫁时"的唏嘘故事，孰料，刘采春还是敌不过元稹的魅力，她沦陷了。

刘采春是中唐时期有名的女伶人，她的丈夫周季崇也是一位伶人，夫妻俩四处游历，靠演参军戏、唱歌为生。刘采春长得很美，且歌喉动人，是当时红极一时的"明星"，元稹喜欢她也在常理之中。

和对薛涛一样，元稹也为刘采春写了一首《赠刘采春》，算是他们爱情的见证。

> 新妆巧样画双蛾，谩裹常州透额罗。
> 正面偷匀光滑笏，缓行轻踏破纹波。
> 言辞雅措风流足，举止低回秀媚多。
> 更有恼人肠断处，选词能唱望夫歌。

不过，刘采春和元稹的这段感情同样无疾而终。早在爱上元稹的那一刻她就应该意识到，他这样的男人太多情了。唐朝四大女诗人，薛涛、李季兰、鱼玄机、刘采春，元稹和其中两位都有瓜葛，也是比较有意思的一件事。

元稹和薛涛、刘采春，以及双文的感情史，也都存在一定争议，于后人而言，需要辩证地去看待，毕竟史料记载的大多是他的文采而非风流韵事。

元稹第二段有记载的婚姻是与一位叫安仙嫔的女子。元和五年

（810年），也就是韦丛去世的第二年，安仙嫔嫁于元稹为妾。可惜安仙嫔红颜薄命，三年后她就因病离开了这个世界。

和元稹生命中的其他女子相比，安仙嫔的存在显然安静许多。她和元稹的感情不够轰轰烈烈，与她有关的文字记载也不多。比较有代表性的或许就是元稹为她写的《葬安氏志》，开篇写道："予稚男荆母曰安氏，字仙嫔，卒于江陵之金隄乡庄敬坊沙桥外二里妪乐之地焉。"从这句话中能看出，安仙嫔与元稹有一个儿子，名叫元荆。安仙嫔死后，孩子也就成了她和元稹在这个世上最后的关联了。

元和十年（815年），元稹三十七岁，娶涪州刺史的女儿裴淑为妻，这也是他人生中有记载最后一段婚姻。裴淑和韦丛一样，是一位闺阁千金，史载裴淑工诗词，有贤才。

元稹仕途坎坷，经常调动外出。对此，裴淑颇为不悦，可元稹总是有办法让她宽心。一次他被派往会稽，出行前他写了一首《初除浙东，妻有阻色，因以四韵晓之》安慰裴淑。

嫁时五月归巴地，今日双旌上越州。
兴庆首行千命妇，会稽旁带六诸侯。
海楼翡翠闲相逐，镜水鸳鸯暖共游。
我有主恩羞未报，君于此外更何求。

从元稹留下的诗词中，多能窥见他多情的影子。只是这样的多情，带给他的究竟是甜蜜多一些还是苦恼多一些，也就只有自己知道了。那些爱上他的女子大多是他生命中的过客，鲜少有谁拥有了她们想要的美满结局。

相比元稹，她们太过痴情，太过执着。她们不知道，有些东西是留不住的。

白居易

他的长相思，他的长恨歌

写给初恋的"长相思"

湘灵这个名字，最早的文字记载出自屈原的《楚辞·远游》："使湘灵鼓瑟兮，令海若舞冯夷。"在屈原笔下，湘灵是高雅尊贵的湘水女神，如杜若与江蓠，她守护湘水一方，朝朝暮暮，亿万斯年。

在白居易的诗中，湘灵并非高高在上的神祇，而是他的初恋，一个比湘水女神更美好的存在。至于"湘灵"是不是那位女子的真名，已无从考证。或许，他赋予她这个名字，只是寄托自己对那段感情的追忆。

白居易出生于河南新郑，他的父亲曾任职徐州别驾，后来为避徐州战乱，白家举家搬到了符离，即现在的安徽省宿州市。

白居易的童年岁月是在符离度过的。在那里，时年十一岁的白居易遇见了七岁的小湘灵，她是他邻居家的孩子，美丽、可爱且聪慧，白居易很喜欢这个邻家小妹妹。

八年后，十九岁的白居易为湘灵写了一首《邻女》，昭示了爱情的萌芽。

娉娉十五胜天仙，白日姮娥旱地莲。

何处闲教鹦鹉语，碧纱窗下绣床前。

这也是白居易为湘灵写的第一首诗。

那时他们年少，正值情窦初开。白居易懂诗词，湘灵通音律，二人很自然就被对方吸引了。和所有青梅竹马的恋人一样，他们有着令人艳羡的青葱岁月。

如诗中描写的那样，他仰慕她天仙一般的容颜，欣赏她黄莺一般的歌喉。她和他一样，从小就爱慕这位博学多才的邻家少年。他们就像第一次尝到秋天果实的相思鸟，悸动、甜蜜，理所当然开始了一段潜滋暗长的爱情。

然，白居易非池中物，他是不可能一辈子埋没在符离这个小地方的。隐藏在骨子里的才华早就蠢蠢欲动，总有一日会喷薄而出，大放异彩。这也意味着，白居易迟早要离开符离，去闯出自己的一片天。

湘灵应该比谁都明白这一点，她舍不得他，却也不会为了自己浅薄的爱情而去束缚他。他也不会为了儿女私情甘愿碌碌无为地与她厮守在这个小村镇。若真是这样，那他也不值得她爱。

贞元十四年（798 年），二十七岁的白居易离开符离，启程去追寻自己的理想。

分别后的恋人，无时无刻不牵挂着对方。他们本可以先成婚，毕竟自古以来先成家后立业的男人比比皆是。然而白家是官宦世家，湘灵不过是一介民女，白家长辈是不会同意他们在一起的。父母永远都会站在长远的角度为儿子考虑，他们早就为白居易规划好了未来：考取功名，娶一个门当户对的女子，生儿育女，让白家世世代代兴盛下去……

湘灵那样的女子何其聪慧，她岂会不知，她想嫁给白居易并非易事。而她从来不奢求什么，只要他心中有她，对她而言就已足够。

身处异地，白居易思念湘灵心切，写下一首《寄湘灵》。

> 泪眼凌寒冻不流，每经高处即回头。
> 遥知别后西楼上，应凭栏杆独自愁。

谁说只有女子才多愁善感，怀着相思之情，男人也是一样的，白居易就是这样的人。他虽和元稹并称"元白"，但在感情上全然不同于元稹。元稹可以一边深情地悼念妻子，一边在外面彩旗飘飘。白居易爱一个人的时候，心中便只爱一个人——至少在跟湘灵的这段感情中，他是这样的。

白居易一生写过两首《长相思》，一首据说是为侍妾樊素所写，当然，那是很多年以后的事了。另一首便是写给湘灵的。

> 九月西风兴。月冷霜华凝。
> 思君秋夜长，一夜魂九升。
> 二月东风来，草圻花心开。
> 思君春日迟，一日肠九回。
> 妾住洛桥北，君住洛桥南。
> 十五即相识，今年二十三。

有如女萝草，生在松之侧。

蔓短枝苦高，萦回上不得。

人言人有愿，愿至天必成。

愿作远方兽，步步比肩行。

愿作深山木，枝枝连理生。

这首《长相思》或许就是白居易巅峰之作《长恨歌》的前身，有了这里的"愿作深山木，枝枝连理生"，才有《长恨歌》中的传世名句"在天愿作比翼鸟，在地愿为连理枝"。而"愿作远方兽，步步比肩行"则是描述了湘灵对他的期望：对你最好的爱，不是仰望，而是比肩。

就像舒婷《致橡树》中所写的一样："我如果爱你，绝不像攀援的凌霄花，借你的高枝炫耀自己；我如果爱你，绝不学痴情的鸟儿，为绿荫重复单调的歌曲……我必须是你近旁的一株木棉，作为树的形象和你站在一起。根，紧握在地下；叶，相触在云里。"

湘灵的确是一位值得倾尽一生去爱的奇女子，也正是因为她，白居易一直拖着不肯成亲，直到元和三年（808年）才奉母命娶了夫人杨氏。那一年，白居易已经三十七岁。

其实，早在贞元十六年（800年）考中进士后，白居易曾回符离小住。他向母亲提出，想娶湘灵为妻。母亲一口拒绝，毫无转圜。白居易见婚姻无望，心中痛苦难耐，写下一首《生别离》。

食檗不易食梅难，檗能苦兮梅能酸。

未如生别之为难，苦在心兮酸在肝。

晨鸡载鸣残月没，征马连嘶行人出。

回看骨肉哭一声，梅酸檗苦甘如蜜。

黄河水白黄云秋，行人河边相对愁。

天寒野旷何处宿，棠梨叶战风飕飕。

生离别，生离别，忧从中来无断绝。

忧极心劳血气衰，未年三十生白发。

分别，不外乎生离与死别，较之死别，生离的痛苦更甚。若是死别，死去的那个人至少是可以解脱的，痛苦只属于一方。但是生离却使得二人互相思念，肝肠寸断，相爱却不能相守，这才是最残忍的。

贞元二十年（804 年），白居易在长安任职，举家迁往长安。白居易再一次恳求母亲答应他跟湘灵在一起，母亲再次拒绝。白母门第观念颇重，莫说当时白居易已经是长安的校书郎，就算他一辈子都只是个普通书生，她也会以出身背景为由拆散两人。

母亲的阻挠使得白居易对湘灵的思念更深刻，一想到此去长安，或许这辈子再也无法相见，他便瞒着母亲偷偷去见了湘灵。分别至极，两人心中的痛苦很难用语言形容。白居易的心情就像是冬日江上的瑟瑟寒风，呜咽悲鸣。就是在这种极度痛苦和压抑的心情之下，他写下了极为低沉的《潜别离》。

不得哭，潜别离。不得语，暗相思。

　　两心之外无人知。

　　深笼夜锁独栖乌，利剑春断连理枝。

　　河水虽浊有清日，乌头虽黑有白时。

　　唯有潜离与暗别，彼此甘心无后期。

　　这样的分别，不能哭，不能说，不能折柳相送，不能约定归期……可见白居易是怀着永别的心情去写这首诗的，他心情之沉重，用任何辞藻去描述都显得苍白。

　　然而，对于恋人来说，即便参商永离又算得了什么呢。只要心在一起，到哪里两人都是在一起的。他时刻记挂着她，不分时节地思念她，为她伤怀，为她惆怅。

　　春去秋来，他对着庭院中的秋风与落叶思念她，提笔写下《感秋寄远》。

　　惆怅时节晚，两情千里同。

　　离忧不散处，庭树正秋风。

　　燕影动归翼，蕙香销故丛。

　　佳期与芳岁，牢落两成空。

　　秋去冬来，他辗转无眠，冬夜的寒冷哪里比得上与恋人分别的痛。他起夜，在灯下写了《冬至夜怀湘灵》。

　　艳质无由见，寒衾不可亲。

　　何堪最长夜，俱作独眠人。

娶妻的时候，白居易已经三十七岁，官拜左拾遗。他和妻子杨氏的感情究竟如何，很难再去考证。但是从他在元和七年还在写诗怀念湘灵来看，他对妻子或许只是相敬如宾。心里装着一个人的时候，另一个再优秀，也很难走进他的心。

元和十年（815 年），白居易被贬为江州司马。因白母是赏花坠井身亡，而白居易曾写过有关"赏花"和"新井"的诗，在那个"百善孝为先"的年代是属于很不合教法的。有人以此为借口抨击他，轻易就将他扳倒了。

命运有时就是这般神奇，缘分未断的人，分别多久都会重逢。在被贬至江州的途中，白居易遇见了湘灵。彼时他们已经分开十多年了，他四十四岁，她四十岁，都不再是无忧无虑的少男少女了。而痴情若湘灵，居然年过四十还未嫁人。

白居易感慨万千，写了两首《逢旧》来纪念这场不合时宜的重逢。

其一

我梳白发添新恨，君扫青蛾减旧容。

应被旁人怪惆怅，少年离别老相逢。

其二

久别偶相逢，俱疑是梦中。

即今欢乐事，放盏又成空。

犹恐相逢是梦中。他们的相逢明明不是梦，却仿佛是一场梦。

白居易以为，既然上天安排他们重逢，那他应该还能再见到她吧。可偏偏，他所作《逢旧》成了他与湘灵最后的离歌。

五十三岁那年，白居易由杭州前往洛阳，特地抱着探望旧人的心思绕道去了符离，然而人去楼空，哪里还有湘灵的半分影子。难辨是生离还是死别。她已经走了，带着回忆，带着旧情。

有些人一旦失去了，也就永远失去了。

西湖边的风流旧事

西湖白堤，始于断桥残雪，止于平湖秋月。

长庆二年（822 年），白居易出任杭州刺史。当时杭州大旱，百姓颗粒无收。为贮水抗旱，白居易主持修建了白公堤。千年后的现在，人们所看到的白堤并非白居易修建的"白公堤"，而是在白居易任职杭州时就已存在的白沙堤，即他诗中"最爱湖东行不足，绿杨阴里白沙堤"中的"白沙堤"。不过人们为了纪念白居易，依旧称之为白堤。

西湖记住了白居易，可西湖与白居易的关系，远不止他的白堤，还有他的《醉歌·示妓人商玲珑》。

> 罢胡琴，掩琴瑟，玲珑再拜歌初毕。
>
> 谁道使君不解歌，听唱黄鸡与白日。
>
> 黄鸡催晓丑时鸣，白日催年酉前没。
>
> 腰间红绶系未稳，镜里朱颜看已失。
>
> 玲珑玲珑奈老何，使君歌了汝更歌。

商玲珑，余杭歌伎，艳冠西湖。无论是文人墨客还是达官贵人，都以能邀商玲珑作陪为荣。她就像是一件精致华美的衣裳，能穿着她，怎会不引起旁观者的称赞，怎会不吸引他人艳羡的目光？

白居易一到杭州就听闻商玲珑艳名。文人骨子里多多少少潜藏着风流的血液，白居易也是如此。商玲珑美丽温婉，如西湖三月的水，宁静、动人，偶尔微风起，荡开一圈圈细细小小的涟漪。

白居易身为杭州刺史，他和商玲珑的往来已然不是秘密。这个消息一传出，很快就飘到了元稹的耳朵里。

元稹和白居易是至交好友，他们一起倡导了新乐府运动，并称"元白"。既是朋友，必然有很多共同的兴趣爱好。比如他们写过风格类似的诗文，比如他们写过同一位女子，这位有幸被"元白"同时看上的女子就是商玲珑。

元稹是情场高手，诗情旖旎，酒意缱绻，再加上他才名远播，对女人很是有一套。因此，但凡他看中的女人，如双文、韦丛、薛涛、刘采春、裴淑……没有一个不对他死心塌地。他听闻商玲珑大名，早就想摘下这朵娇花，哪管她是不是好友白居易看上的人。

元稹厚着脸皮向白居易提出，想将商玲珑"借"去一阵子，白居易知道元稹风流，他自然是不肯的。然而越是如此，元稹对商玲珑越是志在必得。

在和元稹的接触中，商玲珑对这位风流才子也是上了心的，不然也不会因为他肯出一大笔银子就跟他去了越州，一待就是一个月。

彼时，白居易并不知道商玲珑瞒着自己跟元稹走了。直到一个月后，元稹将商玲珑送回，并写了一首诗给白居易：

休遣玲珑唱我词，我词都是寄君诗。

却向江边整回棹，月落潮平是去时。

白居易见了诗才恍然大悟，好友早就计划着要抢他的心上人。

这段佚事，在《唐语林》中有所记载："长庆二年（822 年），白居易以中书舍人出任杭州刺史。杭州有官妓商玲珑、谢好好者，巧与应对，善歌舞。白居易日以诗酒与之寄兴。元稹在越州闻之，厚币来邀玲珑，白遂遣去，使尽歌所唱之曲。后元稹送玲珑归，作诗寄白居易云：'休遣玲珑唱我词，我词都是寄君诗。却向江边整回棹，月落潮平是去时。'"

至于商玲珑的真正结局，无从考证。有野史记载，白居易因为此事和商玲珑生了嫌隙，不复往来，甚至利用职务之便抹去了商玲珑的官妓资格。商玲珑没办法，只得折回越州投靠元稹，然而薄情如元稹早已对商玲珑失去了新鲜感，他翻脸不认人，根本没有管她。商玲珑心灰意冷，最后只得做点小生意，以此为生。

商玲珑有什么错呢？她不过是个流落烟花之地的苦命女子。在那个该浪漫时浪漫，该冷漠时却冷漠得可怕的年代，身为女子，身似浮云，选错了人有可能会毁了自己的一生。

西湖的水静默了几百年，她对周遭的一切冷眼旁观，看惯风花雪月，看惯世态炎凉，看惯生离死别，看惯爱恨情仇。因为看惯了，所以她不屑一顾。等到翌日朝阳起，那湖水荡漾又是新一天的涟漪。

另一种"长相思"

"樱桃樊素口，杨柳小蛮腰"，樊素、小蛮二人因白居易这句诗而千古留名，她们的名字也随着白居易一同被载入史册。《旧唐书·白居易传》云："樊素、蛮子者，能歌善舞。"

樊素擅歌，小蛮擅舞，她们都是白居易府上蓄养的家姬，深得白居易喜爱。

唐朝有钱人府上蓄妓不是新鲜事。家姬的地位很低，职责却很繁重，不仅要唱歌跳舞供主人娱乐，还得兼职半个丫鬟，不是特别重的活她们都要学会，除此之外，有的家姬还要给主人铺床暖被。

家姬身如浮萍，可以随意被买卖赠送，跟物品没什么区别。然而，白居易却对樊素和小蛮二人非常看重，一直善待她们。

樊素、小蛮还是十几岁的花样少女时，白居易已是年过花甲的垂暮老人了。很难相信，少女与老翁之间能有多深的感情，更别说爱情了。可张先八十岁娶十八岁少女，白居易六十多岁还有樊素和小蛮相伴，并且种种迹象表面，她们对"老翁"的感情都非同一般。

小蛮在白居易的文字中出现的频率比樊素要低，或许樊素跟白居易更为亲近吧。白居易的很多诗直接点出了樊素的名字，如《春尽日宴罢，感事独吟》：

> 五年三月今朝尽，客散筵空独掩扉。
> 病共乐天相伴住，春随樊子一时归。
> 闲听莺语移时立，思逐杨花触处飞。
> 金带縐腰衫委地，年年衰瘦不胜衣。

诗中的"樊子"即樊素。

六十多岁，白居易染上了风疾，半身不遂。他深知自己剩下的日子不多了，不想拖累芳华正茂的樊素和小蛮，于是遣散她们，让她们各自嫁人，去寻找自己的幸福。樊素心中不舍，哭得泪如雨下。

在樊素的生命中，白居易扮演了一个很重要的角色，他就是她生活的中心，没有了这个中心，她不知自己该何去何从。

而白居易呢。拥有时，或许并不觉得有多珍贵，一旦失去，心里也开始空荡荡的。看着偌大的家中，失去了樊素的歌声，失去了小蛮的舞姿，哪里还像个家？他开始怀念她们。若她们还在，必是另外一番光景了。

或许因为年纪大，白居易才越发喜欢年轻有活力的女子，看到她们载歌载舞，他仿佛看到年少时那个张扬的自己。也正是有了樊素和小蛮的陪伴，白居易老年的生活才不至于那么无趣。

在送走樊素的时候，白居易还写过一首《不能忘情吟》。以下为节选：

骆，骆，尔勿嘶，素，素，尔勿啼；骆反厩，素返闺。

吾疾虽作，年虽颓，幸未及项籍之将死，

何必一日之内弃骓兮而别虞兮！

乃目素兮素兮！为我歌杨柳枝。

我姑酌彼金罍，我与尔归醉乡去来。

马儿返厩，不能忘情；霸王别姬，不能忘情；樊素离我，不能忘情……因为这一次的分别或许是永别。

那么，樊素究竟去了哪里呢？也许是回老家了吧。她自懂事起就跟着白居易，蒙他照顾，衣食无忧，生活富足。如今离了故主，她就像失去主人的马匹，不知自己该何去何从。唯一的选择，也只有返乡了。

在樊素离开的很久之后，白居易又写了一首《长相思·汴水流》。有学者认为，这首诗就是写给樊素的。

汴水流，泗水流，流到瓜州古渡头，吴山点点愁。

思悠悠，恨悠悠，恨到归时方始休，月明人倚楼。

这首诗的韵味感觉跟李之仪的《卜算子·我住长江头》颇像。白居易写相思，诗中两河东流而去，一同汇入淮河。李之仪写相思，诗中有浩浩长江，虽不能相见，但共饮一江之水，以此为念。他们所写的相思都是柔情派，没有轰轰烈烈的爱情，没有可歌可泣的故事，平平淡淡如流水，却真挚。

樊素是杭州人，吴山就在浙江杭州境内，位于西湖东南面。所以，他看到吴山应该会触景生情，想到昔日陪伴他的樊素吧。

汴水和泗水流至瓜洲古渡，继而与长江汇合，向江南而去。他却不能像流水一样肆意，可以去那遥远的地方看完他所思念的人，只希望河水能带走他的思念，又或者是从江南把他思念之人带回到自己身边。

离愁别恨往往最折磨人，相爱却不能相见，只能远眺心上人所在的那个方向，心中愁，眼中的景自然也是愁的。

至于白居易和樊素之间是不是爱情，很难判断。白居易喜欢樊素是肯定没错的，这样一个美丽灵动又富有朝气的女子，常年陪伴在自己身边，怎能不喜欢？樊素对白居易，可能更多的是崇拜和依赖吧。在当时，白居易是享有盛名的诗人，腹有诗书，家境富裕，对她更是百般疼爱，如若不然，离别时她不会哭得那么伤心。

可有时候，两个人在一起未必需要爱情，时间久了，爱情也就淡了，能维持这份关系的反而是亲情，也是习惯。面对分别，爱情往往没那么可怕，习惯才是可怕的。而回忆，更可怕。

并非史实，只是民间传说

白居易一生名声斐然，声望甚高，若硬要说有什么瑕疵的话，也只有民间传闻他"逼死"关盼盼一事了。他并非故意想让关盼盼死，不料无心之过断送了一代才女本就凄苦的一生。

关盼盼是徐州著名舞姬，年轻貌美，舞技精湛，堪比"掌上起舞"赵飞燕，"霓裳羽衣"杨玉环。她出身于书香门第，除了出神入化的舞技之外，亦是一位精通诗词的才女。

当时的徐州守帅张愔听闻关盼盼大名，又有幸见到关盼盼的歌舞，对她十分爱慕，他不惜花重金将她娶回家中为妾，继而又特地给她建了一座小楼，名唤"燕子楼"。

关盼盼擅长跳霓裳羽衣舞，也因此舞在徐州迅速声名鹊起。大概是从小对诗文耳濡目染的缘故，她记忆力非凡，能一气呵成唱出白居易的名作《长恨歌》。

偶然有一次，白居易行至徐州，张愔听说了，十分热情地将他请到府上，设宴席款待他，并让关盼盼出来献舞。关盼盼本就十分景仰白居易，如今得见真人，更是卖力表现自己，唯恐出一点纰漏。

一舞毕，白居易为关盼盼的舞姿所陶醉，忍不住写诗称赞："醉娇胜不得，风袅牡丹花。"

自古像关盼盼这般才艺双绝的奇女子很多，但是能收获幸福的屈指可数。关盼盼能嫁给疼爱她的张愔，已是十分幸运。成亲后，他们一直过着举案齐眉的日子，生活简单而富足。若故事一直这么圆满地发展下去，也就没有后来的那些事了。

关盼盼嫁给张愔两年后，张愔因病去世。偌大的张府人去楼空，只留下关盼盼一人。

那时候的关盼盼依然年轻貌美，名声如旧。她大可以回到教坊跳舞谋生，抑或是再寻一户好人家嫁了，过平常女子的日子。可她就是这样一位奇女子，愿得一人心，白首不相离。她一心念着张愔，即便张愔已经不在人世，她也要遵守当初白首不相离的誓言，为他守节。于是，她变卖家当，搬到了张愔生前为她建造的燕子楼中，从此粗茶淡饭，了此一生。

没了张愔相伴，关盼盼日日独守空房，孤苦寂寞，只能靠着那段美好回忆过日子。

白居易在《长恨歌》中写道，死后仙去的杨玉环孤独地生活在海上仙岛，因想念唐玄宗，度日如年，故曰"蓬莱宫中日月长"。而彼时的关盼盼，又何尝不是"燕子楼中日月长"呢。

关盼盼就这样在燕子楼中一住就是好几年，岁月老去，人心老去。她每日写写诗，看看书，以此消磨时光。

她的事迹流传了出去，不少人被她的忠贞所打动。曾在张愔手下任司勋员外郎的张仲素就是如此，他还为她写了三首诗。

其一

楼上残灯伴晓霜，独眠人起合欢床。

相思一夜情多少，地角天涯未是长！

其二

北邙松柏锁愁烟，燕子楼中思悄然。

自埋剑履歌尘散，红袖香消已十年。

其三

适看鸿雁岳阳回，又睹玄禽逼社来，

瑶琴玉箫无意绪，任从蛛网任从灰。

这三首诗都是以关盼盼的口吻写的，写的又是关盼盼在燕子楼寂寞清苦的生活以及对张愔的深深思念，所以后世很多人认为，这组《燕子楼》诗是关盼盼所写。

关盼盼精通诗词，有诗作名《燕子楼》集，只可惜未流传下来。尽管如此，但是以关盼盼的才华，写出以上三首诗并非难事。然历史转眼已千年，组诗究竟出自谁人之手，众说纷纭，难下定论。

某年，张仲素前往拜访白居易，便将这三首诗给白居易看。

当年，在张愔宴请白居易的家宴上，张仲素和白居易有过一面之缘，而他本身也是诗人，素来敬佩白居易，给白居易看自己所写的诗，除了拜访之外，大概也想让白居易提点一二。

白居易看了之后，赫然想起当年那一场绚烂的霓裳羽衣舞。那时候的她何其美丽，何其耀眼，何其风光，连他都忍不住为她的舞姿倾倒。然而短短几年，谁能料到她会有这么凄凉的一天！

回忆袭来，白居易心生感叹，遂依照张仲素的原诗，提笔和了三首。

其一

满窗明月满帘霜，被冷灯残拂卧床。

燕子楼中寒月夜，秋来只为一人长。

其二

钿晕罗衫色似烟，几回欲著即潸然。

自从不舞霓裳曲，叠在空箱十一年。

其三

今春有客洛阳回，曾到尚书墓上来。

见说白杨堪作柱，争教红粉不成灰。

写完，白居易思索一番，觉得这三首诗还不足以表达他心中所想，于是又补写了一首。

黄金不惜买蛾眉，拣得如花三四枝。

歌舞教成心力尽，一朝身去不相随。

　　这四首诗的大概意思是，张愔离世后，关盼盼为他守节，独自在燕子楼中过着清苦孤寂的生活，十分不易，让人大受感动。但是，既然她能做到终身不再改嫁，每日粗茶淡饭守着他的灵位，何不再往前迈出一步，与他生死相随呢？

　　他并非存心想让关盼盼殉情，大概他觉得表达一下自己的看法，无伤大雅。谁知关盼盼偏偏是个贞洁烈女，她一看白居易的诗，当即明白了他的用意。她对着这四首诗，越想越伤心，哭完之后，提笔和了一首：

自守空楼敛恨眉，形同春后牡丹枝。

舍人不会人深意，讶道泉台不去随。

　　写完这首诗后，关盼盼就开始绝食。

　　她一心求死，任谁劝都不听。既然她曾深深喜爱甚至崇拜的诗人都这么说，她何不如他所说，与张愔生死相随！

　　十天之后，一代舞姬关盼盼魂断燕子楼，终是随了她的爱人而去。

　　白居易听到这个消息，极为震惊。他万万没想到，关盼盼真的会因为他的几句诗而求死。他一向洁身自好，到头来竟成了逼死一个弱女子的"凶手"，虽然他事后作为弥补，托人将关盼盼的遗体安葬在了张愔的坟墓旁，但这件事还是令他十分内疚不安。

可是谁能知道，"死"对于关盼盼来说不是一种解脱呢？世上的事大抵都是如此，没有绝对的对，也没有绝对的错，有的只是爱恨痴仇，看不透，猜不透。

然，非常值得一提的是，关于白居易写诗"逼死"关盼盼的故事，在唐朝的历史上无任何记载！直到南宋人计有功编写了《唐诗纪事》一书，这才有了上述故事，后世传说的白居易逼死关盼盼一事也是以此为蓝本的。

唐史中的燕子楼和关盼盼，和白居易有关联的文字记载仅出现于他所著《白氏长庆集》之《燕子楼三首并序》中：

> 徐州故张尚书有爱妓曰眄眄，善歌舞，雅多风态。予为校书郎时，游徐、泗间。张尚书宴予，酒酣，出眄眄以佐欢，欢甚。予因赠诗云："醉娇胜不得，风袅牡丹花。"一欢而去，迩后绝不相闻，迨兹仅一纪矣。
>
> 昨日，司勋员外郎张仲素绘之访予，因吟新诗，有《燕子楼》三首，词甚婉丽。诘其由，为眄眄作也。绘之从事武宁军累年，颇知眄眄始末，云："尚书既殁，归葬东洛。而彭城有张氏旧第，第中有小楼，名燕子。眄眄念旧爱而不嫁，居是楼十余年，幽独块然，于今尚在。"

予爱绘之新咏，感彭城旧游，因同其题，

作三绝句。

有时候，传闻轶事可能比史实更能被人津津乐道，但是真是假，只能交由历史去判断。

薛涛

●

不小心陷入情爱的漩涡

薛涛笺与梧桐诗

汤显祖在他那部著名的戏曲作品《牡丹亭》中写过这样一个片段：

> 春香取文房四宝来模字。（贴下取上）纸、墨、笔、砚在此。（末）这什么墨？（旦）丫头错拿了，这是螺子黛，画眉的。（末）这什么笔？（旦作笑介）这便是画眉细笔。（末）俺从不曾见。拿去，拿去！这是什么纸？（旦）薛涛笺。（末）拿去，拿去。只拿那蔡伦造的来。这是什么砚？是一个是两个？（旦）鸳鸯砚。（末）许多眼？（旦）泪眼。（末）哭什么子？一发换了来。（贴背介）好个标老儿！待换去。

这是《闺塾》中的一个选段，讲述的是女主角杜丽娘向私塾先生学习《诗经》，丫鬟春香去取文房四宝，结果取来的是骡子黛、薛涛笺、鸳鸯砚，先生哭笑不得。

虽是一个细节，但不难看出，薛涛笺和螺子黛一样，是当时闺阁女子的常备物品之一。而薛涛笺的创始人，正是唐朝四大女诗人之一的蜀中才女薛涛。

明代文学家胡震亨在《唐诗谈丛》一书中对薛涛笺进行了详细的介绍："诗笺始薛涛，涛好制小诗，惜纸长剩，命匠狭小之，时谓便，因行用。其笺染演作十色，故诗家有十样变笺之语。"

薛涛是诗人，更是一位心思细腻的女子。或许是觉得用普通的纸写诗太没情调，配不上她那优美的文字，于是她根据自己的喜好，用花的汁液染色，制成了专门用来写诗词的彩色诗笺。后人称之为薛涛笺。

薛涛有此才情，并非一朝一夕之事。她因名妓的身份而为人熟知，但大多数人可能忽略了一点，她其实有着良好的出身。她的父亲薛郧原是朝廷官员，因为人正直，不小心得罪了权贵，被贬到了蜀地，后又出使南诏，不幸染病去世。那一年，薛涛年仅十四岁。

幼年的薛涛受过良好的教育，她从小就比别的孩子聪明，一般男子尚且不能与之相提并论，遑论女子。因此，薛郧十分重视对她的培养，她也很早就展露出了对诗文的喜爱。

薛涛八岁那年的某个午后，薛郧在院中乘凉，他看着茂盛的梧桐，吟了两句诗："庭除一古桐，耸干入云中。"吟罢，他让女儿接下去，薛涛不假思索道："枝迎南北鸟，叶送往来风"。

小女孩有如此敏捷的反应能力，换作别的父母肯定高兴坏了。可薛郧非但没有高兴，反而忧心忡忡。他觉得女儿念出这样的诗句不是什么好兆头，按照这两句诗的意思，她可能会沦落风尘，迎来送往。没想到一语成谶，薛涛十六岁时因迫于生计，沦为乐伎，开始了迎来送往的生涯。

和薛涛同属唐朝四大女诗人的李季兰也有类似的诗谶，这很难不让人怀疑，是不是后人为了让她们的故事更具传奇色彩杜撰的？

薛涛虽是风尘女子，却并不低俗。相反，她平日的生活往往十分高雅。达官贵人举行酒宴时，经常会唤诗伎来陪酒助兴，或行酒令，或赋诗，或抚琴，或歌舞，这些都是薛涛擅长的，她应付起来游刃有余，仿佛天生就属于这样的场合。她有着出众的才华，不凡的交际能力，美丽的容颜，是那群女子中最耀眼的一位。久而久之，薛涛的名气越来越大，成为名动一时的蜀中才女。

她生命中的他和他

十六岁那年，薛涛遇见了第一个影响她人生的男人，韦皋。

贞元元年（785年），韦皋出任剑南西川节度使，来到蜀地。在一次酒宴上，韦皋和薛涛见面了。其实在此之前韦皋就听说过薛涛，蜀中名妓薛涛，谁人不知？他早就想见见这位声名远播的蜀中才女，于是特地将她请来，并让她当场赋诗。

薛涛思索一番，提笔写了一首《谒巫山庙》。

乱猿啼处访高唐，路入烟霞草木香。
山色未能忘宋玉，水声犹似哭襄王。
朝朝暮暮阳台下，为雨为云楚国亡。
惆怅庙前无限柳，春来空斗画眉长。

诗文涵盖了楚襄王梦中与巫山神女阳台相会以及宋玉写《高唐赋》等历史典故，整首诗行文流畅，语言之美，令人无法相信这出自一位十六岁的小姑娘之手。韦皋拍案叫绝，夸赞了薛涛一番，薛涛的名声也更胜从前。

得了剑南西川节度使的青睐，薛涛的事业风生水起。韦皋只要在府中置办酒宴，就会把薛涛叫来助兴，薛涛也从来没让他失望过。时间一长，韦皋对薛涛愈发欣赏与信任，甚至开始让她处理自己的文案工作，也就是现在所说的秘书。

薛涛和韦皋走得非常近，按照常理，他们当然不是上下级那么简单，韦皋对薛涛的感情又何止是欣赏。他们的关系在蜀地不是什么秘密，因此很多想跟韦皋搭上关系的人，都会先去找薛涛疏通。

许是韦皋的喜爱令薛涛太过自信，她犯了个糊涂。那些人给她送的礼，她照单全收了，尽管事后她都如实告诉了韦皋。她忘了，是韦皋一手把她捧起来的，想掀翻她只是一朝一夕的事。是她僭越了。

韦皋不喜欢薛涛插手他的事务，他非常生气，盛怒之下把薛涛贬到了松州。或许他不是真心要把薛涛送走，只是人在气头上往往会冲动。身居韦皋这样的高位，话一说出口，又岂能轻易收回。

在去松州的路上，薛涛后悔了。为了让韦皋回心转意，她写下著名的《十离诗》，派人送去给韦皋。这十首诗分别描述了犬离主，笔离手，马离厩，鹦鹉离笼，燕离巢，珠离掌，鱼离池，鹰离鞲，竹离亭，镜离台。以下是其中三首：

其一·犬离主

驯扰朱门四五年，毛香足净主人怜。

无端咬著亲情客，不得红丝毯上眠。

其二·笔离手

越管宣毫始称情，红笺纸上撒花琼。

都缘用久锋头尽，不得羲之手里擎。

其三·马离厩

雪耳红毛浅碧蹄，追风曾到日东西。

为惊玉貌郎君坠，不得华轩更一嘶。

薛涛分别以犬、笔、马、鹦鹉等自比，而韦皋则是他依靠的主、手、厩、笼……她倾注在诗中的感情十分真挚，韦皋终于被打动了，派人把她接了回来。

但也因为此事，薛涛看淡了名利场中的游戏，心生倦意。她借着韦皋对她的旧情，想办法脱离了乐籍。得了自由身的她不再流连尘世繁华，而是在浣花溪畔结庐，独自过着安静的生活。

再后来，薛涛遇见了生命中另一个重要的男人，大唐铁血宰相——武元衡。

武元衡姓武，武则天的"武"。他有着不凡的出身和满腹的才华，于建中四年（783 年）考中进士，而后在朝廷大展拳脚，步步高升。

元和二年（807年），武元衡拜相。不久后，唐宪宗派武元衡镇蜀，出任剑南西川节度使。武元衡就是在那个时候认识薛涛的，彼时他们都已不再年轻。但爱情来临的时候，年纪不是问题。

武元衡在蜀地的七年间，跟薛涛走得很近，其间亦诗文互赠，据说武元衡那首很有名的《赠道者》就是写给薛涛的。

麻衣如雪一枝梅，笑掩微妆入梦来。

若到越溪逢越女，红莲池里白莲开。

为什么说是写给薛涛的呢？因为薛涛后来入了道籍。武元衡诗中描写的是一位麻衣如雪的美丽女道人，加上他和薛涛的暧昧关系，很难不让人代入，这是他对薛涛表达的由衷赞赏。

《旧唐书》记载，"武元衡善做五言诗，被好事者传诵，而且往往配上乐谱歌唱"，充分说明了他的诗文造诣，他跟薛涛是有共同话题的。值得一提的是，武元衡还有唐朝第一美男子之称。像武元衡这样有权有才又有颜的男人，薛涛对他动心也在情理之中。

相识以来，薛涛也为武元衡写了不少诗，如《上川主武元衡相国二首》《续嘉陵驿诗献武相国》等，从诗名就直接点出了，TO 武元衡！

再如这首《送友人》，也被认为是写给武元衡的。

水国蒹葭夜有霜，月寒山色共苍苍。
谁言千里自今夕，离梦杳如关塞长。

二人诗书往来，情意绵绵。而武元衡对薛涛的欣赏，完全不亚于韦皋。他甚至突发奇想，想上奏朝廷，申请封薛涛为校书郎。校书郎是九品官，属朝廷正式职务，一般是进士出身的人才能担任。薛涛虽没真正受封校书郎这一职务，但自此以后人们都称她为女校书。《唐才子传》记载："及武元衡入相，奏授校书郎。蜀人呼妓为校书，自涛始也。"大致意思是，因武元衡想上奏朝廷请封薛涛为校书郎一事，蜀地称呼妓女为"女校书"，就是从薛涛开始的。

还有一种说法是，想上奏请封薛涛为女校书的是韦皋。

武元衡和薛涛这段感情并未持久，元和八年（813 年），完成治蜀任务的武元衡返回长安，二度拜相。他在朝堂上展现出了非凡才能，后人称之为铁血宰相。《新唐书》记载，早年间武元衡还是御史中丞的时候，唐德宗召集他去延英殿议事，就曾对大臣们夸赞武元衡："这人真有宰相的才能啊！"

可惜，武元衡的结局并不好。由于他长期反对藩镇割据，引起了以李师道为代表的割据势力的不满。元和十年（815 年）的某天清晨，夜色还未完全褪去，武元衡在前往大明宫上朝的路上被歹人刺杀。

一代宰相，抱负未施展完，人生却匆匆收场。薛涛和武元衡的故事，再无下文。

文史上著名的姐弟恋

韦皋和武元衡都在薛涛生命中留下了重要的印记，但她一生中最为轰动的感情是跟一位比她小十一岁的男人——大名鼎鼎的风流才子元稹。这段恋情一度被认为是薛涛最真挚的付出，也是最无奈的劫数。

元和四年（809年），元稹出任剑南东川监察御史。既来到了蜀地，以元稹的风流，怎会错过当地享有盛名的才女薛涛。他托一位原在韦皋府上任职的人给薛涛送了一封信，约她在梓州会面。

那时候，薛涛早已脱离乐籍，在浣花溪畔过着清闲的日子，久未涉足交际圈。但她听说过元稹的才名，很是欣赏，于是依言赴约。

没想到的是，这次会面令薛涛已然平静的心再次掀起狂澜。陷入情爱的她满心欢喜，如怀春的少女。为此，她写下一首《池上双鸟》。

双栖绿池上，朝暮共飞还。
更忆将雏日，同心莲叶间。

《池上双鸟》收录于《全唐诗》，又叫《池上双凫》，诗文描写的是池上的水鸭子，它们成双成对，还一同抚育小水鸭子……水鸟都成双成对并结婚生子了，薛涛写诗时心里在想什么，显而易见。

元稹多情，风流倜傥，三十岁正是他最具魅力的年纪，他的温情与才情让薛涛跌入了漩涡而不自知。她曾以为，她和元稹是可以长久的。她写下的诸多诗词都透露出了对元稹的爱意，甚至连她一生中最富有意义的发明薛涛笺，据传也是为元稹所制。

在蜀地待了四个月后，元稹职位调动，被派去了洛阳。这对薛涛来说无疑是一个打击，他们相处才没多久，情人就要离开了。她满心不舍，却无可奈何。

不过，薛涛始终相信，元稹心里是有她的，这次分开并非没有再见之日。带着这样的信念，她送别了元稹。可事实却是，元稹在妻子韦丛病逝后很快纳了安仙嫔为妾，又在安仙嫔病逝后娶了第二任妻子裴淑，并且恋上了另一位才女刘采春。在元稹经历上述一系列感情的过程中，薛涛一直在浣花溪畔等着他，她用精致的薛涛笺给他写信，盼他早日归来。

若元稹一离开蜀地就对薛涛弃之不理，薛涛可能不会执着于这段虚无缥缈的感情。偏偏元稹时不时会给薛涛回信，仿佛他们还在热恋期，信的内容一度让薛涛抱有幻想。最终打破她幻想的，是时间。

经历了元稹再娶、再恋，薛涛终于明白，像元稹那样的多情种是不会为她停住脚步的，她也没理由继续等下去。于是她离开了浣花溪，在成都郊外的碧鸡坊建了一座吟诗楼，她褪下红装，换上道袍，直到终老。

从薛涛后半生淡然的态度来看，她似乎并没有太过怨恨元稹，至多只是感慨自己真情错付吧。她以为那是对的人，殊不知，那是她的劫。

以才华和容颜闻名的薛涛，大半辈子都处在情爱的漩涡中。所幸她过得并不差，比起那个时代大多数女性，她是洒脱且恣意的。想爱就爱，不想爱就入道修行。她向往爱情，但她一生未嫁。

大和六年（832 年），六十四岁的薛涛离世。她留给后人的，除了收录了她诗作的五卷《锦江集》，还有流传至今的薛涛笺。

李益

●

是才子，但也薄情

从唐传奇《霍小玉传》说起

唐宪宗年间，文学家蒋防作传奇故事《霍小玉传》。如今，《霍小玉传》已经是唐传奇中的名篇，蒋防也因这篇小说在文学史上留名。

《霍小玉传》的男主角在历史上确有其人，是唐朝著名诗人李益。

李益是姑臧（今甘肃武威）人，出身于名门望族陇西李氏。隋唐时期，世族大家有非常崇高的社会地位，中原最有名的"五姓七族"分别是陇西李氏、赵郡李氏、清河崔氏、博陵崔氏、范阳卢氏、荥阳郑氏、太原王氏。李唐皇族也出自陇西李氏。

大历四年（769 年），李益高中进士，后来一路高升，官至校检吏部员外郎、集贤学士判院事、礼部尚书。他留下了不少诗词作品，和高适、岑参同属边塞诗人一派。有着如此辉煌的履历，又被收录进《唐才子传》，后人理应从他的作品中认识到他。可世事难料，他留给世人最深的印象，却是他人所写的《霍小玉传》。

故事的女主角霍小玉人如其名，美人如玉，仿佛生来就带着上天的偏爱。只是当时未知，这种与生俱来的眷顾不一定是好事。

霍小玉的母亲叫郑净持，是霍王爷家的歌舞姬。她凭借着美貌与聪慧，在霍王府的花丛中脱颖而出，成功吸引了霍王爷的注意，一跃从家姬升为侍妾，风头一时无两。倍受宠爱的她日日承恩，没多久就怀上了霍小玉。彼时，郑净持尚沉浸在初为人母的喜悦中，又岂会想到，腹中的孩子将跟随她一起罹难。造成这场灾难的，是整个大唐盛世的转折点，安史之乱。

战乱四起，霍王爷卷入屠戮，死在了战场上。霍王府不复昔日繁华，本该顶着光环长大的霍小玉也跟着母亲流落民间，过着粗茶淡饭的生活。

郑净持一个孤身女子，带着尚在襁褓中的霍小玉步履维艰。乱世之中，母女俩的生计成了大问题。而原本赖以为生的美貌和舞技，在她成为母亲之后，已然不能成为生存的资本。走投无路的她只好把希望寄托在女儿身上，她决心把霍小玉培养成青出于蓝的歌伎。这样一来，即使有朝一日她不在了，霍小玉也能凭借自身优势，在这个动荡的年代活下去。

十六岁的霍小玉出落得明艳动人，她通晓诗书，举止优雅，歌舞一绝，是长安城中颇有名气的歌伎，不少文人雅士望眼欲穿，想成为她的入幕之宾。然而在母亲郑净持的心里，霍小玉虽然流落民间，骨子里流的却是高贵的血液，为命运所迫不得已倚门卖笑，这已经是底线，决不能再堕落一步。

霍小玉时刻记着母亲的忠告。她本就不像一般青楼女子那样肤浅，人前强笑不过是为了生计罢了。真正能入她眼的只有那个叫李益的诗人，尽管那个时候她还不认识李益。

霍小玉有才，也爱才。她闲暇时喜欢研读诗文，尤其喜欢李益的诗。当她在教坊中声名鹊起的时候，李益也已经是诗坛翘楚了。

李益和"诗鬼"李贺齐名，他的作品以战争为背景的居多，基调哀怨伤感，很受女子欢迎，歌伎们争相传唱。在这些歌伎之中，就有仰慕他已久的霍小玉。

霍小玉因受过战乱之苦，是以对李益的诗感同身受，她最喜欢唱的一首诗是李益的《江南曲》。

嫁得瞿塘贾，朝朝误妾期。
早知潮有信，嫁与弄潮儿。

"我嫁作瞿塘商贾为妇，他日日耽误与我相会的佳期，早知潮水涨落那么守信，还不如嫁一个弄潮的丈夫。"诗中描写的商妇的寂寞和寥落，深深打动了霍小玉的心。她像是着了魔一般，未见其人，芳心暗许。

郑净持看出了女儿心思，她不忍女儿受这相思之苦，便托关系让人把李益带来，跟霍小玉见一面。她断然不会想到，霍小玉一生的悲剧由此开始。

再看唐诗《写情》

李益是才子，满腹经纶，仪表堂堂。霍小玉是佳人，能歌善舞，温柔解语。才子和佳人的相见，最直观的结果就是爱如燎原之火，一发而不可收。

李益彻底征服了霍小玉，他不仅出身好，模样好，还中了进士，前途不可限量。霍小玉把他当成了这辈子的依靠，恨不能将一切都给他。就连一直对霍小玉严苛的郑净持都没有反对她和李益来往。她之所以将霍小玉看得那么紧，不正是想让她嫁一个值得托付的人吗？论家世和人品，李益是最好的人选。

李益在京城逗留期间，一直住在霍小玉家。他们二人白天谈论诗文，调笑打趣，晚上同床共枕，琴瑟和鸣。然而快乐的日子总是短暂，后一年春，李益被授予了郑县主簿的官职。朝廷公文下来的时候，霍小玉知道他们要分别了。

临行前，李益向霍小玉保证，此生绝不负她，等他到郑县把一切安排妥当，必定回来接她。

倘若故事就这样安静地发展下去，也就没有流传至今的传奇了。

李益一走，霍小玉的心就再也没有平静过。她深知自己身份卑微，李益却是名满天下的才子，未来还可能步步高升，她拿什么与他相配？她不怀疑他对她的心，但他的家人会接受她吗？他能够摆脱世俗的眼光，迎娶一个歌伎进门吗？

终于，霍小玉担心的事发生了。李益回到陇西老家，家中长辈替他和表妹卢氏议了亲，婚约已经定了。

那个年代的婚姻大事一向是父母之命，媒妁之言，李益经过了一番思想斗争，最终妥协，答应迎娶卢氏女。与此同时，远在千里之外的霍小玉正苦苦等着他回去接她。她日日为相思折磨，憔悴得不成人形。时间一天天过去，纵使再傻她也猜到了，曾经信誓旦旦说着非卿不娶的那个李十郎，怕是已经变心。

霍小玉被李益辜负而一病不起的消息很快在长安城传开了，很多人都替霍小玉鸣不平，指责李益薄幸。有一位侠义之士听说了霍小玉的故事，把李益绑到了霍小玉家。

这对昔日的恋人无论如何都不会想到，他们会以这种方式重逢。

霍小玉听说李益回来了，竟然从病榻上快速起来，自己穿好衣服出去了。见到李益，她拿起一杯酒浇在地上，意思再明显不过：覆水难收，恩断义绝。

做完这一切，霍小玉倒在了地上，气绝而亡。李益无法抑制心中的悔恨与悲痛，他为霍小玉换上白色的丧服，从早哭到晚，十分悲哀。

霍小玉红颜命薄，李益却一直活到八十多岁，仕途也颇为顺利。然而寿命越长，对他来说何尝不是一种折磨，霍小玉的死，他怕是一辈子都难以释怀。

作为文人，李益留下的作品不少，其中不乏名篇。可是在他的文字中几乎找不到霍小玉的影子，唯一一首跟情爱相关的《写情》，有猜测是写给霍小玉的。

水纹珍簟思悠悠，千里佳期一夕休。

从此无心爱良夜，任他明月下西楼。

"清风明月的夜晚，我错过了与你的佳期。即便是躺在精致的竹席上，仍是我心忧忧，悲戚不止。纵使月光再美，我已无心欣赏，又岂会关心明月是不是从西楼而下。"

那个让他"从此无心爱良夜"的女子是霍小玉吗？

然而该结束的已经结束了，《写情》究竟是不是写给霍小玉的，只有李益自己知道。

史料中的"妒痴尚书"

蒋防在《霍小玉传》中提到了一个人物，李益的好友，京兆人士韦夏卿。这个韦夏卿在历史上也确有其人，是大才子元稹的岳父。有意思的是，蒋防曾经得到过元稹的举荐。

这一出令人摸不着头脑的关系跟当时的背景有关。从唐宪宗时期开始，朝堂主要分为两派势力，以牛僧孺为首的牛党，以李德裕为首的李党，史称"牛李党争"。蒋防和元稹属于李德裕集团，李益则是牛僧孺集团的核心成员。这么一看就瞬间明了，蒋防和李益是对立关系。

因蒋防和李益是差不多时期的人，后世都认为，蒋防空口瞎编故事的可能性不大，并且蒋防在《霍小玉传》中对李益的形象刻画，跟真实的史料记载非常接近。所以最好的解释就是，李益确实做过负心薄幸之事，这一八卦被蒋防听了去，蒋防觉得有黑料不用白不用，于是艺术加工一番，准备写个故事黑一黑李益。不曾想，他一不小心就写出了传世名作，黑李益的KPI（关键绩效指标）超额完成。

据传，蒋防写《霍小玉传》是为了向元稹示好。一来他们属于同一阵营，元稹的官职比他高；二来元稹也擅长写传奇故事，跟他有共同爱好。与《霍小玉传》比肩的另一部唐传奇作品《莺莺传》就出自元稹之手。

但蒋防有一点失算了，《莺莺传》和《霍小玉传》差不多，写的也是一个负心汉的故事，并且《莺莺传》男主角张生的原型正是元稹自己，元稹抛弃了初恋，娶的还是李益好友韦夏卿的女儿。在《莺莺传》中，元稹努力美化了张生的形象，把张生的人物立意都升华了。

一个卖力吐槽，一个努力洗白……不知道元稹看到《霍小玉传》会不会尴尬。只要元稹不尴尬，尴尬的就是蒋防了。知道真相的李益估计笑得眼泪掉下来，都是负心汉，玩什么五十步笑百步？瞧不起谁呢？

《旧唐书》对李益有一段这样的描述："少有痴病，而多猜忌，防闲妻妾，过为苛酷，而有散灰扃户之谭闻于时，故时谓妒痴为'李益疾'。"

这段话的大致意思是，李益有痴病，爱猜忌，怀疑妻妾不轨，外出时把妻妾锁在房内，还在门口撒上灰，当时的人把猜忌妻妾的行为称为"李益疾"。

无独有偶，《唐才子传》也有类似记载："益少有僻疾，多猜忌，防闲妻妾，过为苛酷，有散灰扃户之谈，时称为'妒痴尚书李十郎'。"

那么问题来了，李益为什么会有这样的妒痴行为？正史上没有相关记载。

不过，蒋防在《霍小玉传》中写了一段颇具志怪氛围的剧情，便是霍小玉临死前的诅咒。大概蒋防也觉得霍小玉可怜，不能这样白白死去，李益这样的负心薄幸之人应该得到报应，于是他给霍小玉安排了一段台词：

> 我为女子，薄命如斯！君是丈夫，负心若此！韶颜稚齿，饮恨而终。慈母在堂，不能供养。绮罗弦管，从此永休。征痛黄泉，皆君所致。李君李君，今当永诀！我死之后，必为厉鬼，使君妻妾，终日不安！

是有多大的恨意，才会让霍小玉说出"必为厉鬼，使君妻妾，终日不安"这么狠毒的诅咒？

霍小玉在下葬前一天晚上，李益在灵堂中看见了她的魂魄。她穿着紫色的衣袍，靠着灵帐，与他做最后的道别。她还是像生前一样美丽，精致的容颜，明亮的眼神，宛如初见。

这是霍小玉最后一次出现在李益的生命中。一个多月后，霍小玉的诅咒应验了。李益时常精神恍惚，好似看到卢氏和男子幽会，他开始厌恶卢氏，无论卢氏怎么解释都不听。久而久之，李益的疑心越来越重，他经常打骂虐待卢氏，后来还将卢氏休了。

诅咒并没有因此结束，卢氏离开后，李益的侍妾也遭到了同样的猜忌。他觉得妻子背叛他也就罢了，连侍妾也敢红杏出墙，一怒之下把侍妾杀了。那以后，只要是跟李益有关系的女子，无一例外不被他猜忌、打骂、凌辱。他娶妻三次，结局都是如此。

尽管不知道故事外的李益经历了什么，但史料中对他"妒痴尚书"的形容与《霍小玉传》如出一辙，前因后果完美闭环了。

崔护

●

敲开了『人面桃花』那扇门

春天里的一见钟情

诗人崔护活跃于中晚唐时期，《全唐诗》共收录他的六首作品，分别是《题都城南庄》《郡斋三月下旬作》《五月水边柳》《三月五日陪裴大夫泛长沙东湖》《山鸡舞石镜》《晚鸡》。

在唐朝那样一个诗文化蓬勃发展的时代，崔护留下的作品着实不多。若不是因为这首《题都城南庄》强势出圈，崔护的名字或许就要淹没在群星荟萃的大唐诗海了。

去年今日此门中，人面桃花相映红。

人面不知何处去，桃花依旧笑春风。

"去年的今天，我在这扇门中遇见了那位美丽的少女。她的容颜与盛放的桃花一般美好，相得益彰。今年的今天，我再次来到这扇门前，昔日美丽的少女不知身处何处，只有满园的桃花在春风中微笑绽放，一如往昔。"

从字面意思就能看出，崔护是在写桃花，写少女，写邂逅，写相思。诗文很美，可真正令这首诗流传千古的，是它背后的故事。

唐朝诗论著作《本事诗》详细记录了崔护和诗中少女相识，相恋的过程。

某年春天，崔护刚结束一场科考。他原本信心满满，结果却是名落孙山。显然，当时崔护的心情并不好。他出身于赫赫有名的博陵崔氏，自幼熟读诗书，文采风流，出口成章，是当地数一数二的才子。这跟他预想的结局不一样。

当初离开博陵，家乡父老都以为崔护能金榜题名。如今科举落地，失落之余他想再博一次。于是，他在长安找了一处住所，发愤读书，希望来年一举高中。

崔护性子清冷，不太爱与人来往，平日里都是独自闭门读书。适逢清明节，窗外已是一派桃红柳绿的春日景象。连日苦读的崔护决定给自己放个假，去城郊踏春、赏景。

城郊景色宜人，崔护喜不自胜，多日的疲惫在此刻一扫而光。他边走边赏景，怡然自得。但走得久了，不免有些口渴。他四处寻找人家，想讨口水喝。

崔护的运气不错，没走多远他就看见一户很大的庄园。那庄园占地约一亩，墙内桃花灼灼，难掩满园春色。

他上前轻叩门，然而很久都没人答应，园内十分安静。他以为家中没人，正要离开，却听到有女子的声音传来："谁啊？"

崔护如实回答："博陵崔氏，崔护。我一人春游到此，有些口渴，想求口水喝。"

少女听完，去端了一碗水来。她打开门，让崔护进去坐。

崔护喝水的时候，少女倚靠着一棵桃树，静静地看着他，眼神中透露出对他的深厚情意。崔护仔细看她，见她容貌艳丽，妩媚多姿，于是与她说话调笑。少女没有回应，两个人互相注视了许久。

水喝完了，也休息够了，崔护起身，告辞准备离开。少女送他到门口，似乎非常不舍。崔护也不停地回头看，怅然若失。

就这一面之缘，少女的容颜刻在了崔护心上。世间的情爱多是如此，也许并不热烈，却让人割舍不下。此后的一年里，崔护一边寒窗苦读，一边忍不住思念这位女子。他决定，来年春天再去见她一面。

时间来到了第二年春天，依旧是清明节。崔护再次来到这座庄园，敲了同一扇门。可惜家中无人，大门也上了锁。崔护心中失落，在门上题了一首诗，便是《题都城南庄》。

故事到此，并没有结束。

极具传奇色彩的后续

崔护和都城南庄少女的故事之所以能感染世人，很大一部分原因是有足够的传奇色彩。类似的故事，此处应插叙一首南朝乐府《华山畿》。

华山畿，华山畿，

君既为侬死，独生为谁施？

欢若见怜时，棺木为侬开。

《华山畿》讲了这样一个故事。

南朝宋少帝时（约 423 年），南徐的一个士子从华山畿前往云阳，途中在客舍遇见一位十八九岁的少女，亭亭玉立，美丽动人，他陷入了对少女的思念，无法自拔，以至于后来相思成疾。

士子的母亲见士子日渐消瘦，追问缘由。士子如实相告，说他爱上了客舍的少女。

母亲担心儿子的病情加重，便去华山寻访这位女子。她按照士子的描述，果然找到了美丽的少女。她把士子爱上少女并相思成疾的事说给少女听。少女十分感动，当即解下围裙交给这位母亲，让她带回去偷偷放在士子的席子下面。说只要这样做，士子的病很快就会痊愈。

母亲照做。没几天后，士子就能下床了。

有一天，士子整理床铺时发现了围裙，他想起了曾经见过少女穿着它，便抱着围裙想吞食它。吞食未成，士子却噎死了。这个情节有些匪夷所思，为什么士子看到围裙会想到去吞食？正常的逻辑应该是向母亲追问少女的事啊！

士子死后，母亲按照他临终遗言，安葬他之前要用车子载着他的遗体从华山经过。没想到，车子到了少女家门口，拉车的牛却不肯走了，怎么抽打它都没用。

少女听到声音，开门从屋子里出来，她对士子母亲说："暂且等我一会儿。"

少女进屋沐浴，洗漱完毕后出门。她对着棺木唱了一首《华山畿》。唱完，棺木居然应声而开。少女见了，立刻跳了进去，棺木刹那间合上，之后再也无法打开。

后来，大家把少女和士子合葬在了一起。他们的墓被称作"神女冢"。

之所以提到《华山畿》，是因为《题都城南庄》的故事与之类似，主人公也都相思成疾而亡。只不过在《题都城南庄》的故事中，相思而死的人是少女。少女看见崔护留下的诗，猜到了是她要等的人，就此一病不起。

崔护寻人不遇，满心失望地回到家中，但他实在割舍不下少女，几天后又去了一次都城南庄。

再次站在那扇门前，崔护察觉到气氛不一样了，里面传来一阵阵哭声。他敲门想问明缘由，这次开门的却不是少女，是一个老者。

老者问他："你就是在我家门上写诗的崔护？"

崔护说是。

老者痛不欲生："就是你害死了我女儿啊！"

崔护又惊又怕，不知道发生了什么。

老者跟崔护说了前因后果。原来，自从去年清明一别，少女心情低落，时常精神恍惚。几天前老者陪女儿出门散心，回家看见了门上的诗。少女读完诗，一病不起，而后绝食而死。

崔护大为吃惊，又悲伤又自责，失声痛哭起来。他向老者请求，让他进门去拜祭死者。老者念在他是女儿喜欢的人，就答应了。

崔护进门，看到躺在床上的少女，把她的头抬起来枕在自己腿上，边哭边说："是我啊，我在这里啊。"

奇怪的事情发生了，少女听到崔护的声音居然睁开眼睛，活了过来。老者喜不自胜，将女儿许配给了崔护。

这原本是一个悲伤的故事，却因为结局圆满而成了一段浪漫的爱情，崔护的《题都城南庄》也因此流传开来。不知究竟是故事丰富了诗词，还是诗词点缀了故事。"人面桃花相映红"也逐渐成了千古名句，后世之人夸赞女子美丽，经常会以"人面桃花"来形容。

浅谈博陵崔氏

唐朝是一个讲究宗族背景的时代，崔护的出身可以说是相当优越的，他所属的博陵崔氏是隋唐最显赫的"五姓七族"之一。博陵崔氏仅在唐朝就出过十六位宰相，如唐中宗时期的宰相崔湜，因和太平公主以及上官婉儿有着剪不断理还乱的关系而为人熟知。再如安史之乱后唐玄宗任命的宰相崔涣，李白因牵涉进永王之乱而被下狱，曾向崔涣求助，写下一首《狱中上崔相涣》。

除了朝臣，博陵崔氏也出过不少才子，如"大历十才子"之一的崔峒，还有写出了传世名作《黄鹤楼》的崔颢。

昔人已乘黄鹤去，此地空余黄鹤楼。

黄鹤一去不复返，白云千载空悠悠。

晴川历历汉阳树，芳草萋萋鹦鹉洲。

日暮乡关何处是？烟波江上使人愁。

《唐才子传》记载，李白想在黄鹤楼题诗，看到崔颢题的诗后，感叹了一句"眼前有景道不得，崔颢题诗在上头"，什么都没写就走了。能让李白心服口服，可见这首诗的艺术水平有多高了。即便到了现在，《黄鹤楼》也是学生党们敲黑板划重点的作品之一，人人都得背诵，不服不行。

此外，和李白、贺知章等人并称"饮中八仙人"的崔宗之，也出自博陵崔氏。

崔护能和同族的这些宰相才子一同留名青史，他的诗文功不可没，尤其是《题都城南庄》。诗本身固然写得好，但不可否认，"人面桃花"的故事也发挥了很大的渲染作用。

抛开成名作《题都城南庄》不说，关于崔护的生平，历史上的记载却很少，只知道他于贞元十二年（796 年）考上进士，仕途较顺，先后担任京兆尹、御史大夫和岭南节度使等官职。

至于崔护留下的其他作品，如《三月五日陪裴大夫泛长沙东湖》：

上巳余风景，芳辰集远坰，彩舟浮泛荡，绣毂下娉婷。

林树回葱蒨，笙歌入杳冥。湖光迷翡翠，草色醉蜻蜓。

鸟弄桐花日，鱼翻谷雨萍。从今留胜会，谁看画兰亭。

这是一首描写上巳节游湖赏春的作品。春日，他与友人泛舟湖上，岸边林木吐绿，笙歌萦绕，鸟语花香……读之令人慵懒放松，仿佛置身大唐的春光之中。

可见，崔护的文采极好，是博陵崔氏中当之无愧的才子。那次科考落地或许是命中注定，若非如此，他也不会缔造"人面桃花"的传奇。

关于崔护的妻子的身份，一直存在多种说法。据传少女的名字叫绛娘，她的父亲曾是朝中官员，因得罪人而遭到排挤，不得已隐姓埋名，带着家人隐居在城郊。

不过，不论少女是何身份，都不影响她和崔护这段邂逅的美丽与浪漫。

故事的最后，崔护带着妻子前往岭南赴任。夫妻俩一直恩爱和睦，过着幸福的生活。在妻子的帮助和监督下，崔护为官清廉，深受当地百姓拥戴。而他们的爱情，也在历史的长河中继续流传。

杜秋娘

逆风翻盘的人生赢家

人生起点，歌伎

烟雨江南，自古不缺才貌双全的女子，杜秋便是其中之一。她是润州（今江苏镇江）人，唐朝又称润州为金陵。因而杜牧在《杜秋娘诗》的序言中介绍她，"杜秋，金陵女也"。

杜秋最初只是一位歌伎，卑微的出身和出众的容貌使她不得不接受命运的安排，努力适应这一身份。世人称她为杜秋娘，大概也是因为她曾是歌伎，唐朝人有称歌伎为"秋娘"的习惯，如白居易的诗，"妆成每被秋娘妒"。

杜秋娘还有个名字，叫"杜仲阳"，如《旧唐书》记载："德裕至镇，奉诏安排宫人杜仲阳于道观，与之供给。"这里的"宫人杜仲阳"指的就是她。

在唐朝，歌伎的地位十分卑微，她们生活在社会的底层，有各种身不由己。然而，历朝历代的才女们，又往往诞生于歌伎这一群体。秦淮八艳自是不必说，还有钱塘名妓苏小小、红笺女校书的薛涛、燕子楼主人关盼盼等。杜秋娘也是其一，但她的命运跟上述这些才女们相比，可谓精彩得多，她巅峰时期可是坐过皇妃这一位置的。

一般女子入了歌伎这一行，多半只会听天由命，聪明点的无非靠着出色的才艺和外貌，寻一可靠之人托付终身。杜秋娘不仅拥有令人艳羡的容貌，还有一颗七窍玲珑心。她懂得审时度势，韬光养晦，在必要时刻大放异彩，扭转自己的命运。

杜秋娘能歌善舞，能诗会画，还会填词作曲，色艺双绝的她很快就走红了。镇海节度使李锜就是这样被她吸引的，他听闻杜秋娘的名气，便替她赎身，将她带回府充当自己的私人歌伎，也就是唐朝非常流行的家姬，如白居易府上的樊素、小蛮，《柳氏传》的女主角柳氏，都是这类身份。

进了李锜府之后，杜秋娘的日子比以前好了许多。她不必再像以前那样，挖空心思去讨好客人。她只需做一个美丽的花瓶，必要时唱唱歌跳跳舞，哄李锜开心就行。

如果只是深耕老本行，杜秋娘很可能一辈子都只是个歌伎，跟李锜府上那一群女子的命运差不多，但她不甘于这样的命运。为了引起李锜的注意，她酝酿许久，想到了一个办法。她写了一首诗——《金缕衣》。

劝君莫惜金缕衣，劝君惜取少年时。

花开堪折直须折，莫待无花空折枝。

写完诗，杜秋娘又谱了一首曲子。对她来说，写诗谱曲并非难事，这得感谢早年在教坊的经历。她操作起来简直轻车熟路，游刃有余。

她把《金缕衣》温习了一遍又一遍，自己也觉得十分满意。而她接下来要做的，就是让李锜听到这首曲子。

机会很快就来了。某日李锜府中举行家宴，杜秋娘借着跳舞的机会，在公开场合献唱了《金缕衣》。歌词大意是："我劝你不要顾惜华美的金缕衣，我劝你要珍惜自己的青春年少。花开了可以折的时候就赶紧去折，不要等花凋谢了只剩下空枝。"

其中深意，李锜怎会听不出来？"君"指的是李锜，而那朵等待着被折的娇花，指的就是唱这首曲子的美人，杜秋娘。

杜秋娘确实聪明，她不会像其他稍有姿色的女子，为了博出头不惜使出浑身解数去吸引男人。她只需展现她的才华，就能让男人主动注意到她，发现她的优秀，

她唱《金缕衣》无非想暗示李锜，你已经不再年轻，为何不趁着现在好好享受人生？我这朵花已经盛开了，你为何不赶紧折呢？若再不折，花凋谢了，你也老了。

果然，李锜听完杜秋娘的歌，开始关注她了。她说得对，以他的年纪，眼下不享受，更待何时呢？

那一天李锜心情很好，他决定纳杜秋娘为妾。当时，杜秋娘只有十五岁，李锜却已过知天命之年，二人年龄悬殊却十分恩爱，李锜一直很宠杜秋娘。

杜秋娘歌伎出身，能有如此际遇已是不简单。毕竟，嫁给官员为妾，受尽宠爱，这是多少烟花女子梦寐以求的结局。可人生若止于此，杜秋娘也就不是历史上的奇女子了。她的人生，才刚刚开始。

人生转折点，皇妃

汉武帝的生母王娡王美人，在嫁给当时的太子刘启之前，曾与农户金王孙结为夫妇，并生有一女金俗。后来，王娡的母亲找相士为女儿卜卦，相士说王娡是大贵之命，将来会生下天子。因相士一句话，母亲将王娡送进太子府。不知是相士的卦太准还是机缘巧合，王娡果真得宠了，她被封为美人，后来生下了刘彻。

皇宫内院，选妃是件严苛的事，莫说曾嫁人生子的妇人，就算是名门贵女也不一定能通过筛选，顺利封妃。王娡是一个特例，而杜秋娘，则是另一个特例。

从歌伎到侍妾再到宫奴，最后一跃成为皇妃，杜秋娘人生跨度之大，令人叹为观止。而促使杜秋娘命运再度扭转的，恰巧也正是她的《金缕衣》。

彼时，在位的皇帝是唐顺宗。历朝历代，不少皇帝虽拥有了天下，身体却着实有些"抱歉"。唐顺宗就是个身体很"抱歉"的皇帝，他的一生都有些倒霉，即便最后成了皇帝，也很难做自己想做的事。他在位时间还不到八个月，就因永贞革新的失败而被迫退位，之后太子李纯继位，即唐宪宗。

唐宪宗和唐顺宗不同，他在朝政上非常有主张，才登基为帝，就开始了一场大整顿。那时候的大唐，藩镇割据局面非常严重，宪宗为了巩固权力，开始削减各地节度使的兵权，以法度制裁藩镇。因这些措施，藩镇权力削弱，朝廷更加稳固，史称"元和中兴"。

但是这样一来，李锜的地位就受到了威胁，他就是一位有兵权的节度使。

据传，李锜是唐高祖李渊祖父李虎的八世孙，也是李唐皇族之后。李锜认为，多年来他也为朝廷出过不少力，好不容易走到这一步，宪宗却突然决定削减兵权，他如何能咽下这口气！

心中存有不满的官员大有人在，各地节度使均是敢怒不敢言。唯有李锜艺高人胆大，居然将怒气付诸行动。元和二年（807 年），李锜发动了兵变，《资治通鉴》记载："夏，蜀既平，藩镇慑息，多求入朝，镇海节度使李锜亦不自安，求入朝，上许之……上以为然，下诏征之。锜诈穷，遂谋反。"

元和中兴期间，朝廷无论是兵力、财力还是物力，都远比地方充足。自古以来，因对朝廷不满而谋反的将领不在少数，成功的例子却几乎没有。再者，朝廷只是削减节度使的权力，并非赶尽杀绝。李锜此举，属实有些冲动了。

结果可想而知，李锜兵败，死于战乱之中。好不容易翻身的杜秋娘失去了可以倚靠的大树，再度跌入人生的谷底。李锜死后，她以罪臣家眷的身份被送进后宫当宫奴。

在唐朝历史上，谋反是重罪，皇亲国戚都难逃死罪。如唐高宗永徽四年（653 年），高阳公主及驸马房遗爱撺掇一众皇亲国戚谋反，不少权贵牵连其中，后来谋反失败，高阳公主夫妇、巴陵公主夫妇、丹阳公主夫妇全被赐死，吴王李恪和荆王李元景也没能幸免。他们府中的家眷死的死，流放的流放，几乎都没什么好下场。

李锜起兵谋反在当时属于最严重的一项罪名，杜秋娘身为他的妾室，在他犯下如此重罪的情况下没被赐死，只判入宫为奴，算是不幸中的万幸了。又或许，她命中注定有此劫难，渡过此劫，便能破茧。

宫奴分很多种，杜秋娘因有一技之长，免去了劈柴洗衣之苦，她在宫中的身份和从前一样，便是重新干起了她的老本行，歌伎。而那首曾改变她命运的《金缕衣》，再次起到了扭转乾坤的作用。

入宫为奴的杜秋娘并没有心灰意冷，她很善于利用自己的优势。她还年轻，依旧是才貌双全的佳人。她也很清楚，李锜会被她的美貌与才华吸引，其他人未必不会。

在一次宴会上，杜秋娘借着献舞的机会，声情并茂地演唱了她的成名曲《金缕衣》。果然，唐宪宗一眼就看到了杜秋娘，被她出众的才貌深深吸引住了。

接下来的事顺理成章，杜秋娘得到了唐宪宗的宠爱，被免去了奴籍。她将自身长处发挥到了极致，时而歌舞，时而诗词，唐宪宗对她的迷恋愈发深沉。之后，宪宗下诏封杜秋娘为秋妃。

身份卑微的歌伎，罪臣家眷，曾嫁过人的妇人，顶着这三重身份，杜秋娘还能一跃飞上枝头，成为皇帝的宠妃，她的年轻貌美自然不能忽视，但不可否认，起关键作用的还是她的聪明才智。

经历重重坎坷，杜秋娘终于登上了人生的巅峰。后宫佳丽无数，唐宪宗却丝毫不介意杜秋娘之前的经历，对她恩宠有加。

杜秋娘很清楚，再受宠的妃子也会有色衰爱弛的一天。为了在皇宫之中立足，她必须变得更强大。她不再满足于诗词歌赋，而是慢慢将智慧用到了朝政大事上。

之所以说杜秋娘聪明，是因为她不像一般女子，只懂得倚仗容颜和技艺，她有着非常敏锐的政治嗅觉。在享受宪宗宠爱的同时，她时刻关注着朝堂动向，并利用自己的机智为宪宗解决了不少难题。

宪宗刚继位时，为了扭转藩镇割据的局面，用过不少强硬手段，杜秋娘的前任丈夫李锜正是因为对这些措施不满才谋反的。杜秋娘心想，既然李锜会心存不满，其他节度使未必不会。为避免出现第二个李锜，她给了宪宗很多建议。宪宗讶于她的见识，不由得拍案叫绝。他听取了杜秋娘的建议，逐渐放宽对各藩镇的政策，使得大唐得以稳若泰山。

有杜秋娘这么美丽聪慧的女子相伴，宪宗甚是知足，曾说过，"我有一秋妃足矣"。

人生终点，回归故里

唐朝中晚期，宦官专权，党争不断，藩镇割据的局面又日益走向严重化，朝廷动荡，大唐天下不复昔日盛况。因而，杜秋娘享受皇妃殊荣的时间并不长。

元和十五年（820年），唐宪宗驾崩，太子李恒继位，为唐穆宗。由于杜秋娘之前帮宪宗处理过不少事情，朝廷上下对她还是敬重的。所以，尽管宪宗故去，杜秋娘却如旧在后宫过着安稳日子。或许她唯一的遗憾是，没能在宪宗在位时为他诞下子嗣。深宫之中，无儿无女的她没有任何依靠。

随着年纪越来越大，膝下无子的杜秋娘把全部的母爱倾注在了唐穆宗第六子李凑身上，李凑即后来的漳王。穆宗见她疼爱李凑，便让她担任了李凑的傅姆。

长庆四年（824年），唐穆宗驾崩，继位的是他的长子李湛，即唐敬宗。宝历二年（826年），敬宗被宦官合谋杀害，年仅十八岁。那段时间大唐政局混乱，皇帝换了一个又一个，实权都攥在宦官手中。

为了彻底根除宦官势力，杜秋娘联合当朝宰相宋申锡，想把漳王李凑推上皇位。不料，他们还未行动，事情就败露了。宦官王守澄集团诬陷宋申锡和漳王乱，指控漳王是祸根。很快，李凑被撤销漳王封号，贬为庶民，宋申锡被贬，杜秋娘也被废除了妃子身份，放归故乡。

兜兜转转，一代传奇女子杜秋娘最终还是回到了她的起点，江南金陵。

史料对于杜秋娘生平的记载有限，除了《旧唐书》和《资治通鉴》中的部分，描述最多的是《太平广记》中的《李锜婢》，不过《李锜婢》更像是演义过的故事。除了以上，《唐诗三百首》中也收录了和杜秋娘有关的诗。她的一生非常具有传奇性，很多细节也有待考据。

根据《旧唐书》记载，负责安置杜秋娘的是宰相李德裕。"德裕至镇，奉诏安排宫人杜仲阳于道观，与之供给。仲阳者，漳王养母，王得罪，放仲阳于润州故也。九年三月，左丞王璠、户部侍郎李汉进状，论德裕在镇，厚赂仲阳，结托漳王，图为不轨。"

这段话的大致意思是，李德裕赴任镇海节度使后，奉命把杜秋娘安置在道观内。大和九年（835年），左丞王璠和户部侍郎李汉联名参了李德裕，说他贿赂漳王养母杜仲阳，想结交漳王，图谋不轨。

不过，这些朝堂上的是是非非已经跟杜秋娘无关了，离开皇城的她只是一介平民。对于杜秋娘来说，回归故里未免不是一个好结局。皇权更替，血雨腥风，那看似繁华的宫廷不过是一座黄金牢笼。她在晚年离开了那个是非之地，从另一种意义上来说何尝不是一种庇佑，至少保全了自己的性命。

不知，如果能重新选择一次，杜秋娘还会不会谱写那一曲改变她命运的《金缕衣》。

然，也正是因为这首《金缕衣》，杜秋娘才得以在历史上留名。晚唐诗人罗隐这首《金陵思古》，就是有感于杜秋娘的经历而写。

> 杜秋在时花解言，杜秋死后花更繁。
> 柔姿曼态葬何处，天红腻白愁荒原。
> 高洞紫箫吹梦想，小窗残雨湿精魂。
> 绮筵金缕无消息，一阵征帆过海门。

又过了很多年，大诗人杜牧来到金陵，遇见了已是暮年的杜秋娘。那时候的杜秋娘已经是个老妇人了，再无半点昔日的光彩，用杜牧的话来说，她"穷且老"。杜牧感慨于她的人生起伏，写了《杜秋娘诗》（节选如下）。

> 京江水清滑，生女白如脂。
> 其间杜秋者，不劳朱粉施。
> 老濞即山铸，后庭千双眉。
> 秋持玉斝醉，与唱金缕衣。

濞既白首叛，秋亦红泪滋。

吴江落日渡，灞岸绿杨垂。

杜牧还为这首诗写了序，记录了杜秋娘的生平：

杜秋，金陵女也。年十五，为李锜妾。后锜叛灭，籍之入宫，有宠于景陵。穆宗即位，命秋为皇子傅姆。皇子壮，封漳王。郑注用事，诬丞相欲去己者，指王为根。王被罪废削，秋因赐归故乡。予过金陵，感其穷且老，为之赋诗。

年老也好，穷困也罢，那又如何呢？杜秋娘可是登过人生巅峰的人。女子若有足够的智慧和才情，卑微的出身并不能限制她们的人生。杜秋娘就是这样一位传奇女子，凭着出众的才貌，她将命运掌握在了自己手里。

李商隐

●

诗也朦胧，情也朦胧

爱，凭着你优雅的自身起誓

林黛玉说，她最不喜欢李商隐的诗。这个剧情在《红楼梦》的第四十回，原文是这样的：

> 宝玉道："这些破荷叶可恨，怎么还不叫人来拔去。"宝钗笑道："今年这几日，何曾饶了这园子闲了，天天逛，哪里还有叫人来收拾的工夫。"林黛玉道："我最不喜欢李义山的诗，只喜他这一句：'留得残荷听雨声'。偏你们又不留着残荷了。"宝玉道："果然好句，以后咱们就别叫人拔去了。"说着已到了花溆的萝港之下，觉得阴森透骨，两滩上衰草残菱，更助秋情。

李商隐，字义山，存世有《李义山诗集》。林黛玉说的"留得残荷听雨声"，出自李商隐的《宿骆氏亭寄怀崔雍崔衮》，原句为"留得枯荷听雨声"。

竹坞无尘水槛清，相思迢递隔重城。
秋阴不散霜飞晚，留得枯荷听雨声。

这首诗是李商隐在旅途中怀念友人所写，诗名提到的崔雍和崔衮，是李商隐的表叔兼恩师崔戎的儿子。下雨的夜晚，他感受到秋天的萧瑟，想到远方的朋友，有感而发。整首诗给人的感觉寂寥而惆怅，婉约而朦胧，很符合李商隐留给世人的一贯印象。

李商隐被称为朦胧诗鼻祖不是没有原因的，他写的诗朦胧，或许跟他的自身经历有关，包括他一生中的几段感情也都很朦胧。

李商隐最正式的一段感情是跟他的妻子，泾原节度使王茂元的女儿王氏，据传王氏的全名是王晏媄。

王氏不是李商隐的第一任妻子，他的初婚妻子姓甚名谁，没有留下任何资料，只能根据他的《祭小侄女寄寄文》中那句"况吾别娶已来，胤绪未立"判断，在娶王氏之前，他曾有过一位妻子。

李商隐和王氏的感情很好，但这段关系并非一帆风顺，他们就像是那个时代淡化了故事轮廓的罗密欧与朱丽叶。成婚前，他们分别生活在两个对立的朝堂派系中，这两个派系的斗争就是贯穿中晚唐的"牛李党争"。

李商隐幼年丧父，跟母亲一起过着清贫的生活。他运气算是不错，因才华出众而被天平军节度使令狐楚看上了。令狐楚将他招致门下，成了儿子·令狐绹的陪读。

令狐楚对李商隐的器重程度丝毫不亚于对亲生儿子令狐绹。令狐绹和李商隐一同学习多年，关系一度很好。多年后，令狐绹还当上了宰相。有令狐家这层关系网，李商隐在朝中又岂会一直碌碌无名。他后来考上进士，不可否认他有才华，但也离不开令狐父子的影响和帮助。

就在李商隐中进士那年，令狐楚病逝。而后，李商隐应王茂元的聘请，成了他的幕僚。王茂元和令狐楚一样，对李商隐很是看重，甚至主动提出将女儿王氏许配给他。

这件事是李商隐人生的转折点。

王茂元是李德裕麾下，属于"李党"，而令狐楚和牛僧孺关系好，属于"牛党"。李商隐和王氏本该因这层关系而分开，成就一段"罗密欧与朱丽叶"式的凄美爱情。但李商隐不知是政治觉悟不够高还是压根没往这方面想，他竟然答应了跟王氏成婚。这也是为什么"牛党"那么厌恶他，在他们眼中，李商隐忘恩负义，恩人令狐楚尸骨未寒，他转头就娶了"仇人"的女儿。

所以，李商隐没有机会像罗密欧一样，深情地为他的爱人吟诵："朦胧的夜色可以替我遮过他们的眼睛。只要你爱我，就让他们瞧见我吧；与其因为得不到你的爱情而在这世上捱命，还不如在仇人的刀剑下丧生。"他得到了她的爱情，他为她写的文字也大多是温和的。

李商隐初见王氏，据传是在曲江的一次宴会上，王氏容颜出众，只一眼便令他难忘。宴会之后他写了一首《曲池》，记录了他们那次短暂的月下相遇。

> 日下繁香不自持，月中流艳与谁期。
> 迎忧急鼓疏钟断，分隔休灯灭烛时。
> 张盖欲判江滟滟，回头更望柳丝丝。
> 从来此地黄昏散，未信河梁是别离。

可惜，一旦卷入派系斗争，这段感情是不可能平静的。李商隐和王氏的婚姻看似顺利，实则暗涛汹涌。《新唐书》记载："牛、李党人蚩谪商隐，以为诡薄无行，共排笮之。"大致意思是，牛李党人都看不上李商隐，认为他品行不端，两党共同排挤他。

令狐家对李商隐有恩，可李商隐并不珍视这份恩情——至少在令狐绹眼中是这样的。他对李商隐的背叛给予了简单粗暴的报复，给李商隐的入仕之路使绊子。李商隐虽考中进士，却也是要通过授官考试才能走上仕途，在复试的时候，他发现自己被除名了。

为爱情倒戈的这次选择，成了禁锢李商隐仕途的魔咒，他原本光明的晋升之路中断了。后来他好不容易通过了考试，受封的也只是一个九品小官。可以这样说，他这辈子在仕途上没有真正得志过。

细看李商隐为王氏写的那些诗，他应该没有为自己的选择而后悔吧。婚后，他们有过一段快乐的时光，可惜后来他去蜀地任职，长期与妻子分隔两地，只能靠书信维系感情。王氏红颜薄命，嫁给李商隐十年之后因病去世，留下了一双儿女。

王氏离世之后，李商隐没有再娶。他是多情却重情之人，在遇到王氏之前，他也有过几段深刻的感情，然而能影响他一生的，或许只有患难与共的妻子王氏。他对王氏的用情之深，王氏对他的影响之深，从他留下的诗文就能看出。

倘若从头来过，有一次重新选择的机会，他应该会毫不犹豫选择同样的路。就像朱丽叶对罗密欧说的那句台词：不要指着月亮起誓。若是爱，就凭着你优雅的自身起誓。

恋上修道女子

玉阳山上，圣女祠中，水晶帘下。时隔多年，李商隐应该很想知道，昔日虔诚的修道女子如今可还安好？

那个令李商隐时隔多年都无法放下的女子，是玉阳山的女道士宋华阳。她的名字从李商隐为她所写的《月夜重寄宋华阳姊妹》《赠华阳宋真人兼寄清都刘先生》两首诗中可得出。可惜李商隐的诗以晦涩闻名，他在诗文中究竟想表达什么意思，单从字面很难下定论。研究李商隐诗词的诸多著作中，民国才女苏雪林的《玉溪诗谜》对他和女道士宋华阳的情史分析得最为全面。

李商隐和宋华阳的恋情，背负了太多感情以外的枷锁，好似在夹缝中拼命汲取养分的种子，周遭环境越是恶劣，它渴求生命的欲望越是强烈。他也为他们的故事付以笔墨,其中为人熟知的,是他《碧城》三首。

其一

碧城十二曲阑干,犀辟尘埃玉辟寒。

阆苑有书多附鹤,女床无树不栖鸾。

星沉海底当窗见,雨过河源隔座看。

若是晓珠明又定,一生长对水晶盘。

其二

对影闻声已可怜,玉池荷叶正田田。

不逢萧史休回首,莫见洪崖又拍肩。

紫凤放娇衔楚佩,赤鳞狂舞拨湘弦。

鄂君怅望舟中夜,绣被焚香独自眠。

其三

七夕来时先有期,洞房帘箔至今垂。

玉轮顾兔初生魄,铁网珊瑚未有枝。

检与神方教驻景,收将凤纸写相思。

武皇内传分明在,莫道人间总不知。

宋华阳是李商隐诸多恋人中最具争议也是最神秘的一位,因为她的身份。

唐朝道教盛行,无论男女,出家修道者皆有之,不少贵族女子也纷纷修建道观，入道修行。唐朝修道的公主，不完全统计有睿宗的女儿玉真公主、金仙公主，代宗的女儿华阳公主，德宗的女儿文安公主，顺宗的女儿浔阳公主，宪宗的女儿永嘉公主等。

公主不比民间女子，她们身份尊贵，即便是出家也需要侍女伺候。于是，不少宫女会跟随公主一同修行。宋华阳就是在玉阳山修行的某位公主的侍女之一。

能佐证宋华阳公主侍女身份的，是李商隐的这首《圣女祠》。

> 松篁台殿蕙香帏，龙护瑶窗凤掩扉。
> 无质易迷三里雾，不寒长着五铢衣。
> 人间定有崔罗什，天上应无刘武威。
> 寄问钗头双白燕，每朝珠馆几时归。

"松篁台殿蕙香帏，龙护瑶窗凤掩扉"写的是女道人居所的华丽，"无质易迷三里雾，不寒长着五铢衣"写的则是女道士服饰的华丽。能居住在华丽的道观，穿着华丽的衣服，这样的女道士岂会是普通人。

那时候的李商隐还年轻，他在玉阳山东边的玉阳观修道，离宋华阳居住的地方不远。宋华阳陪公主修道的日子原本十分平静，李商隐的出现好似突然落入湖中的巨石，不经意间激起巨浪，她的生活也发生了巨大的变化。

李商隐和宋华阳的相遇看似偶然，却也是注定的事。玉阳山东西二峰相距不远，只要身在此山中，迟早会有邂逅的一天。

宋华阳的身份使得他们不能堂而皇之地来往，她是女冠，是修道之人，是侍奉神灵的，她的心也应该是虔诚的。她明知不能僭越，却还是跨过了心里的那道坎，与心上人共赴禁忌的漩涡。

坠入爱河的李商隐和宋华阳不能像普通恋人一样日日缠绵，只能靠书信来往。在恋爱期间，李商隐为宋华阳写过不少诗词。

苏雪林女士认为，李商隐这首《无题》写的是他与宋华阳心有灵犀的爱。

> 昨夜星辰昨夜风，画楼西畔桂堂东。
> 身无彩凤双飞翼，心有灵犀一点通。
> 隔座送钩春酒暖，分曹射覆蜡灯红。
> 嗟余听鼓应官去，走马兰台类转蓬。

从诗词的字面意思来看，说是床笫之欢很合理。夜，微风，画楼，春酒，红烛，还有他与她。然而，有所禁锢，爱情也往往会更张扬、激烈。唐朝的女冠们，拥有过禁忌却又蓬勃的感情的，又何止宋华阳！

玉阳山上翘首等待相见的日子，像清风与明月，白驹过隙，转眼到了尽头。按照《玉溪诗谜》所说，李商隐的三首《碧城》中就能看出他和宋华阳的失和，尤其是"不逢萧史休回首，莫见洪崖又拍肩"这句，化用了秦穆公女儿弄玉公主和仙人萧史成婚的典故，他将宋华阳比作弄玉，若是等不到萧史，休要回头。

离开玉阳山的李商隐，辗转开始了他人生新的篇章。接下来他会遇到另一段充满传奇色彩的爱情。似乎，他和宋华阳的故事到这里就该结束。就连他自己都没想到，多年后他会再次遇到宋华阳。

彼时的他们，都已人到中年。李商隐当了不痛不痒的小官，宋华阳依旧当她的女道士。想起那段爱得无法自拔的过去，他们唏嘘不已。这么多年，他们经历了太多，尤其是他，仕途不顺，娶妻又丧妻。

但无论怎么说，初恋的回忆还是很美好的。月夜将至，她邀他与她和她的两个道士姊妹一同赏月。不知为何，他没有应约。后来他写了一首《月夜重寄宋华阳姊妹》，算是作为回应。

偷桃窃药事难兼，十二城中锁彩蟾。
应共三英同夜赏，玉楼仍隔水晶帘。

他在诗中想表达的是，修仙求道与男欢女爱，一是超脱世俗，一是红尘俗世，二者就像鱼和熊掌，不可兼得。当年他们在玉阳山的往事虽然美好，但都是过去式了。如今，他本该与她们姊妹三人一同赏月，可她们修仙问道，他却是凡夫俗子，她们居住的玉楼对他来说是遥不可及的，就像隔着厚厚的水晶帘子，只可远观，不可亵玩。

至此，李商隐和女道士宋华阳的故事落下帷幕。

最不喜欢李义山的诗

李商隐所有诗词中最有名，也是留给后人最多遐想的，是《锦瑟》。

> 锦瑟无端五十弦，一弦一柱思华年。
> 庄生晓梦迷蝴蝶，望帝春心托杜鹃。
> 沧海月明珠有泪，蓝田日暖玉生烟。
> 此情可待成追忆，只是当时已惘然。

有人说，这是李商隐在追忆自己无果的初恋，因为"此情可待成追忆，只是当时已惘然"是对初恋最完美的解释。

读遍李商隐的诗，再看他历来扑朔迷离而又精致婉转的情感世界，这个猜测不无道理。毕竟年轻时热烈的初恋，着实让人怀念。

也有人说，这是李商隐对自己身世的哀伤，他看似在感叹情爱，实则是为了抒发怀才不遇的惆怅。

众说纷纭，难下定论。

李商隐本就是一个细腻的诗人，他信手拈来的一首诗，旁人却想破脑袋都很难看透。其中的真正含义，恐怕也只有当事人李商隐能懂了。后世之人只能从字里行间浅浅猜测，试图分析他写诗时的七窍玲珑心。

如诗名，锦瑟是一种乐器。《周礼·乐器图》记载："雅瑟二十三弦，颂瑟二十五弦，饰以宝玉者曰宝瑟，绘文如锦者曰锦瑟。"这首诗以锦瑟之曲而起，却以暧昧的情愫为终。

然，无论什么样的感情，终会因为岁月而变淡。很久之后去回忆，除了苦涩一笑外，也只剩下惘然了。这首《锦瑟》究竟是写给谁的，无人能猜透。

一种说法是，这是一首写给妻子的悼亡诗。之所以这么说，是因为"锦瑟无端五十弦"化用了素女鼓瑟的典故。《史记·封禅书》记载："太帝使素女鼓五十弦瑟，悲，帝禁不止，故破其瑟为二十五弦。"意思是，太帝让素女弹奏五十弦的瑟，素女弹得太悲凉，太帝禁而不止，于是破其瑟为二十五弦。锦瑟弦断，暗指妻子王氏去世。诗意朦胧幽怨，说是悼亡，似乎有一定道理。

另一种说法是，《锦瑟》的女主人公正是一位叫"锦瑟"的女子。她是令狐楚府上的一名婢女，李商隐在令狐家居住时，曾和锦瑟有过一段恋情，但最终因为某些原因分开了。

很多人赞同这种说法，却也存疑。令狐楚是李商隐的恩师，以他对李商隐的器重，怎么会连一位婢女都舍不得给李商隐？

还有一种说法是，《锦瑟》根本就是写给女道士宋华阳的。宋华阳是他的初恋，是他一生无法渡过去的劫，是他最大的意难平。

如此说来，也未尝不可，甚至可能性很大。他与宋华阳的爱情不正是《锦瑟》所呈现的那般吗？此情可待成追忆，只是当时已惘然。

后人评价李商隐的诗，朦胧梦幻、缠绵悱恻、动人心弦、晦涩生僻……若不是有真情实感倾注其中，他又怎么能描绘出如此哀婉又如此触动人心的意境？

他一生多抱负，却无处可施展；他一生多情义，却留不住任何一个。那些绮丽的言语、华丽的辞藻，都是用亲身经历换来的，他的情爱、他的仕途、他的亲情……

随着那些对他重要的人的一个个离开，他心中的情绪也都跟着埋葬了，留下的只有一首首朦胧晦涩的诗。

黛玉说得对，李义山的诗确实不讨喜。因为太惆怅，太萧瑟，太缥缈，让人不由自主地沉浸在他缔造出来的凄怆情绪中，难再脱身。

鱼玄机

●

怨憎会，爱别离，求不得

情意萌生，得不到的永远在骚动

鱼玄机一生，可以说处处都是传奇。

她幼年流落烟花之地，看惯人世间的多情与薄情。

她偶然结识花间派诗人温庭筠，展露了才华，得到温庭筠的提点。她爱上温庭筠，无奈只是单相思。

她被补阙官李亿纳为妾室，却不为李亿正妻所容。李亿权衡之下，竟把她送进了咸宜观。

她出家为女道士，却按捺不住心中寂寞，破罐子破摔，纵情风月，和诸多男子往来。

她因妒杀婢，酿成大错，最终被处以死刑。

…………

鱼玄机的生命凋落在二十余岁。世人说她生性风流，命该如此，但她心中的痛苦，旁人怕是很难设身处地体会到。她是个爱憎分明的女子，也正是她太过明目张胆的爱恨，加速了她生命的枯萎。

也有很多人为鱼玄机感到可惜，那么有才华的一个女子，何必呢？

可谁又能真正知道，鱼玄机到底有没有后悔。按照她的性子，酣畅淋漓地想爱就爱，恣意妄为地想恨就恨，未尝不是一件痛快的事。

得不到的永远在骚动，在鱼玄机心头一直骚动着的，应该就是她的恩师温庭筠了吧。

认识温庭筠的时候，鱼玄机还不叫鱼玄机，叫鱼幼微。"玄机"二字，是她出家当了女道士之后取的道号。

唐朝风气开放，女子可以主动提出离婚并改嫁，不想结婚可以出家当女道士。尤其是贵族女子，若是对婚姻生活不感兴趣，出家修道是最好的选择。于她们而言，出家未必是因为内心的虔诚，或许只是出于对自身权利的维护。她们不想一辈子守着一个男人，那样的感情太虚假，太疲惫。和贵族女的身份相比，女道士的身份能给她们带来更多的自由。

入咸宜观当女道士之前，鱼幼微曾流落烟花之地。她并非青楼女子，只是因为家贫，靠着在风月场所做粗活来补贴家用。唐人皇甫枚在《三水小牍》中写道："西京咸宜观女道士鱼玄机，字幼微，长安倡家女也。"

也正是因为在烟花场所的这些经历，鱼幼微从小见惯了人情凉薄。很难说，长时间的耳濡目染会不会对年幼的她产生心理影响。迎来送往之地，哪有真情一说。童年对鱼幼微来说，就像夏日暴雨前的天空，布满阴云。后来温庭筠出现了，给了她生命中最可贵的一束光，也给了她温暖和期望。

那时候，鱼幼微只是个初谙世事的小姑娘，温庭筠却已经是鼎鼎有名的花间派诗人。他虽然博学，但是长得丑，《旧唐书》说他"然士行尘杂，不修边幅"。《北梦琐言》更直接，说他外号叫"温钟馗"。

其貌不扬的温庭筠遇见鱼幼微的时候，已经过了不惑之年，很难想象，鱼幼微会对这样一个中年大叔产生感情。或许是因为她年幼丧父，温庭筠给了她不一样的关怀，她依赖他对她的好；又或许，鱼玄机是个智性恋，无关颜值和年纪，她只是喜欢他的才华。在当时，温庭筠的才华可是出了名的。

在认识温庭筠之前，鱼幼微就会吟诗作词，才名也渐渐传播开来。温庭筠偶然听闻鱼幼微的才名，开始留意她。他发现这个小姑娘年纪不大，胸中墨水却不输给男儿。于是，他以《江边柳》为题让鱼幼微作诗，想考考她。鱼幼微很快就有了答案，作《赋得江边柳》一首。

翠色连荒岸，烟姿入远楼。

影铺秋水面，花落钓人头。

根老藏鱼窟，枝低系客舟。

萧萧风雨夜，惊梦复添愁。

温庭筠大为惊讶。这首诗无论是遣词用句还是意境，都不像是一个十岁出头的小姑娘能写出来的，甚至比很多苦读多年的学子都要强。他决定收鱼幼微为弟子，教她读书写诗。

对于这位聪明的女弟子，温庭筠几乎毫无保留，将自己所学都传授给了她。鱼幼微也没有辜负他的期望，在长年累月的学习中，逐渐长成一位才貌双全的少女。

寒冬太长，等待春天时，春天却迟迟不来。鱼幼微曾一度觉得自己的生活就像寒冬，不会再有阳光，直到温庭筠让她感受到了春天的温暖。他们志趣相投，经常写诗相和。在这一来二去的和诗中，鱼幼微对温庭筠产生了不一样的感情。

起初，鱼幼微并未意识到这点，温庭筠亦师亦友的身份，且对她照顾有加，她对他有特殊的情愫不足为奇。直到温庭筠去外地做官，思念潜滋暗长，将她包围、束缚。

温庭筠又岂会察觉不到鱼幼微对自己的感情。然而，她毕竟是他的弟子，年纪和身份的悬殊让他警醒，无论如何都不能让这段感情继续下去。

为了斩断鱼幼微对自己的念想，温庭筠撮合了鱼幼微和他的朋友李亿。李亿曾考中状元，授补阙官，亦是一位才子。

鱼幼微答应了做李亿的侍妾，对她这样出身的女子来说，能嫁给朝廷官员做妾已经是很好的出路。

那么，鱼幼微究竟爱不爱李亿？她嫁给李亿是因为对他动了心，还是因为温庭筠的疏远和刻意撮合，她负气作了这个决定？这个问题很难给出确切答案，从她后来写给李亿的诗可以看出，她对李亿并非无情。可是嫁给李亿之后，她也没有停止对温庭筠的思念。

某个冬天的夜晚，她想起温庭筠，提笔写了一首《冬夜寄温飞卿》。温庭筠，字飞卿。

> 苦思搜诗灯下吟，不眠长夜怕寒衾。
> 满庭木叶愁风起，透幌纱窗惜月沉。
> 疏散未闲终遂愿，盛衰空见本来心。
> 幽栖莫定梧桐处，暮雀啾啾空绕林。

破罐子破摔，因妒杀婢

成为李亿的妾室后，鱼幼微开始了新的人生。她很清楚，她必须忘了温庭筠，他不属于她。既然他希望她有个好归宿，重新开始，那么如他所愿，她会努力把生活过得更好。她将心中爱意转而投向了丈夫李亿。

起初，李亿对鱼幼微是百般疼爱的。面对这样一个才貌双全的少女，谁会忍心对她不好？可以猜测，他们有过一段快乐时光。她给他写过《春情寄子安》《隔汉江寄子安》，将满腔思念和爱意都融进了诗里。子安即李亿的字。

后来，她写给李亿的诗逐渐变得哀怨，如这首《江陵愁望寄子安》。

> 枫叶千枝复万枝，江桥掩映暮帆迟。
>
> 忆君心似西江水，日夜东流无歇时。

从诗名就能看出，多了一个愁字，鱼幼微写诗的时候心情应该不好。她这样的心情，或许跟李亿的原配妻子裴氏有关。

裴氏善妒，很不喜欢鱼幼微。她觉得年轻漂亮又会吟诵风雅的鱼幼微待在丈夫身边，对她来说是个很大的威胁，所以她时不时会翻出一些花样折磨鱼幼微。

鱼幼微原以为自己开始了美好的新生活，不料却是跳进了一个火坑。她把希望全寄托在李亿身上，希望他能明白她的苦。可李亿惧内，根本不敢在裴氏面前护着鱼幼微。他思来想去，想了个不是办法的办法，就是把鱼幼微送进咸宜观出家。

鱼幼微就这样，莫名其妙成了女道士，道号"玄机"。从鱼幼微到鱼玄机，她人生的转折由此开始。

咸宜观是唐玄宗和武惠妃之女咸宜公主修葺的道观。咸宜公主嫁过两次，二度丧夫后，她年事已高，便在京城修了咸宜观，出家修行。不过真正令咸宜观在后世走红的不是咸宜公主，而是鱼玄机。

初到咸宜观，鱼玄机不适应清冷的修行生活。她对李亿并没有死心，总觉得李亿会接她回去。有一阵子她非常想念李亿，便写下了一首《寄子安》。

> 醉别千卮不浣愁，离肠百结解无由。
> 蕙兰销歇归春圃，杨柳东西绊客舟。
> 聚散已悲云不定，恩情须学水长流。
> 有花时节知难遇，来肯厌厌醉玉楼。

李亿不可能不知道，鱼玄机时刻盼着他接她回去。可是从他送她进道观那刻开始，她注定再也回不去了。久而久之，鱼玄机也明白了这一点。她嗤笑着人情冷暖世态炎凉，男人都一样，嘴上再怎么说爱，都是哄骗人的话术罢了。她不再相信爱情，更不相信男人，信男人不如信自己，靠近男人会变得不幸！

在这样的心境下，鱼玄机的巅峰之作横空出世——《赠邻女》。

> 羞日遮罗袖，愁春懒起妆。
> 易求无价宝，难得有心郎。

枕上潜垂泪，花间暗断肠。

自能窥宋玉，何必恨王昌？

这首诗她肯定是写给李亿看的。但是赠邻女，其实是赠她自己吧，诗中所表达的皆是她内心的真实写照。她是美丽的，是有才气的，美丽多情而又才华横溢的她，若要求得一件无价之宝，是再容易不过的事，可要找到一个一心一意对她的男子，为何如此艰难？

她是在恼恨李亿的无情，也是在替自己不值。为什么她付出了真心的两个男人都如此绝情？难道她这辈子只能在道观中冷冷清清？她不甘心。伤害她的男人能继续过潇洒快乐的日子，她却要青灯古卷了此残生。她偏不认命！她要让他们知道，只要她愿意，宋玉也好，王昌也罢，她都能让他们臣服在她裙下！

鱼玄机一连受到来自两个男人的打击，加上幼年时在青楼见多了虚情假意，她再也不想被男人玩弄于股掌之中了，她要成为主宰他们感情的人。

鱼玄机开始破罐子破摔。

那以后，前往咸宜观的男人越来越多，他们都和鱼玄机有着非同一般的关系。她乐此不疲地在一堆男人中流连，享受他们的甜言蜜语，尽管她知道那些都是假的，但她不在乎。呵，男人！

咸宜观中的旖旎春事不胫而走。越来越多的人听闻，咸宜观的美艳女道士鱼玄机风流成性，情人无数。而造成这一切的，除了温庭筠的决绝，还有李亿的无情。

倘若鱼玄机是个男子，以她的才华或许可以成就一番事业。曾经她登上崇真观的南楼，看见新考中进士的题名，感慨万千，赋了一首诗：

> 云峰满目放春晴，历历银钩指下生。
> 自恨罗衣掩诗句，举头空羡榜中名。

那个年代，女子不能参加科考，她纵使满腹才华也没有用武之地，只能空羡榜中名。

《唐才子传》的作者辛文房对鱼玄机欣赏且惋惜，他在书中这样评价她："观其志意激切，使为一男子，必有用之才，作者颇赏怜之。"

可这个世界上没有那么多假如。自从选择了认命，鱼玄机就没想过有回头路。

鱼玄机有个婢女，名叫绿翘，才十三四岁。某日鱼玄机外出，她对绿翘说："如果有人来找我，你就告诉他我去了哪里。"

傍晚，鱼玄机回到咸宜观，绿翘说："乐师陈韪来过，知道你不在，没下马就走了。"鱼玄机觉得奇怪，在她众多的情人中，陈韪是对她最死心塌地的，没等到她回来怎么可能离开？她怀疑绿翘和陈韪有私情，入夜后，她拿着鞭子使劲鞭打绿翘，任绿翘怎么求饶都不肯罢休。等她发泄得差不多，她才发现，绿翘已经没气了。

鱼玄机这才感到后怕，为了掩盖罪行，她把绿翘的尸体拖到院子里，挖了个坑埋在树下。

几日后，来咸宜观的人发现院子里有一群绿头苍蝇，它们总是在同一处飞来飞去，怎么赶都赶不走。他们觉得奇怪，就在绿头苍蝇所在的位置往下挖，万万没想到，竟然挖出了绿翘的尸体！这些人被吓得惊慌失措，赶紧报官。

鱼玄机杀婢之事曝光，被带上了公堂。她自知瞒不过去，便交代了罪行。

京兆尹温璋以杀人罪判鱼玄机死刑。在狱中，鱼玄机留有诗句："明月照幽隙，清风开短襟。"

那一年，鱼玄机才二十多岁，还很年轻。

因是女子，在那个年代很难被写进正史，史料记载的鱼玄机的资料并不多。除了《全唐诗》收录的相关诗词，多见于《唐诗纪事》《唐才子传》《北梦琐言》《三水小牍》等作品。关于她的故事，更多的是来自野史或轶闻，很难分辨哪些是真，哪些是假，后人也只能在故事中感慨她的遭遇。

一代才女鱼玄机，误入歧途，生命草草收场，的确让人叹息。欣慰的是，她写的那些诗都完整保留下来了。《全唐诗》为她单独成卷，收录了她的 49 首诗。《全唐诗》收录女诗人的诗不算少，但单独成卷的只有三人，鱼玄机便是其中之一，另外两位是薛涛和花蕊夫人。

佛说，人生有八大苦：生、老、病、死，怨憎会，爱别离，求不得，五阴炽盛。似乎，这正是鱼玄机一生的写照：怨憎会，爱别离，求不得。